Psychopathologisches Befund-System für Kinder und Jugendliche (CASCAP-D)

Befundbogen, Glossar und Explorationsleitfaden

von

Manfred Döpfner, Walter Berner, Henning Flechtner, Gerd Lehmkuhl und Hans-Christoph Steinhausen

Hogrefe • Verlag für Psychologie
Göttingen • Bern • Toronto • Seattle

Zusätzlich erhältlich:

Psychopathologisches Befund-System für Kinder und Jugendliche (CASCAP-D)
Befundbogen (25 Stück) - Bestellnummer 01 102 02. Bestellungen an die:

Testzentrale
Postfach 3751
37027 Göttingen
Telefon (05 51) 5 06 88-0
Telefax (05 51) 5 06 88-24
eMail testzentrale@hogrefe.de

Wenn der Befundbogen in ein klinikeigenes Dokumentationssystem eingebunden werden soll, besteht die Möglichkeit, beim Verlag eine Nachdruckgenehmigung zu erwerben.

Die Deutsche Bibliothek - CIP-Einheitsaufnahme
Psychopathologisches Befund-System für Kinder und Jugendliche (CASCAP-D) / M. Döpfner ... -
Göttingen; Bern; Toronto; Seattle:
Hogrefe, Verl. für Psychologie, 1999
ISBN 3-8017-1275-3

Druck: Dieterichsche Universitätsbuchdruckerei
W. Fr. Kaestner GmbH & Co. KG, D-37124 Göttingen-Rosdorf
Printed in Germany
Auf säurefreiem Papier gedruckt

ISBN 3-8017-1275-3

Vorwort

Die systematische Betrachtung psychopathologischer Auffälligkeiten im Kindes- und Jugendalter hat eine lange Tradition. Emminghaus (1887) differenzierte eine allgemeine Symptomatologie nach Anomalien der Gefühle, des Vorstellens, des Begehrens und Strebens sowie psychopathischen Symptomenkomplexen. Ihr stellte er eine spezielle Pathologie kindlicher psychiatrischer Erkrankungen gegenüber. In der Folge erschienen weitere systematische Beschreibungen einer allgemeinen Psychopathologie des Kindes- und Jugendalters, so z.B. von Ziehen (1922), der die seelischen Erscheinungen im Bereich der Empfindungs- und Denkvorgänge, der Gefühls- und Willensvorgänge, der Vorstellungen und Gefühle usw. im Bereich des Geschlechtslebens und spezieller Phänomene des Pubertätsalters differenzierte. Noch heute bieten diese Monographien eine genaue klinische Beschreibung von Krankheitsbildern, wobei es den Autoren um die „Grundlagen für das Verständnis krankhafter Seelenzustände beim Kinde“ (Hermann, 1909) ging. Insbesondere die Vorlesungen von August Homburger (1926) stellen eine systematische Darstellung der psychopathologischen Symptome im Kindes- und Jugendalter dar: „So sehr verschieden ist des Kindes und des Erwachsenen seelisches Leben, daß auch für dessen Verstehen Befähigte und intuitiver Hilfen Teilhaftige trotz reicher Erfahrung zu lernen nie aufhören können. Der Anfänger aber steht dem Kinde oft geradezu hilflos gegenüber. Daher hat, wer Psychopathologie des Kindesalters lehren will, auch die Aufgabe, dazu anzuleiten, wie der Erwachsene das Kind auf sich und sich auf es möglichst unbefangen einwirken lassen kann und doch über die Abmessung des Abstandes wie die Handhabung stimmungsgebender Hilfsmittel stets frei zu verfügen sich vorbehält. Das kann freilich nur der tägliche Umgang und das Beispiel bewirken. Das gedruckte Wort versagt hier gar oft, weil es leicht entweder versteift oder verflacht.“

Mit der Entwicklung von Klassifikationsschemata und einer differenzierteren Nosologie wurden neue methodische Zugänge in der Diagnostik erarbeitet. Cox und Rutter (1985) erwähnen in ihrem Kapitel „Diagnostic appraisal and interviewing“ die psychopathologische Befunderhebung nicht mehr. Es geht ihnen um eine möglichst standardisierte Untersuchung mit Hilfe von speziellen Interview- und Fragebogenverfahren, wobei die Erfassung von Verhaltensparametern in den Bereich des „Psychological Assessment and Testing“ (Berger, 1985) fällt.

Für die klinische Diagnostik, aber auch für das Erlernen von Störungs- und Krankheitsbildern, erscheint es hilfreich und notwendig, die klassische Herangehensweise der psychopathologischen Befunderhebung mit neueren stärker standardisierten und strukturierten Vorgehensweisen zu kombinieren. Die genaue Erfassung von Merkmalen des Denkens, des Erlebens und des Verhaltens auf der Grundlage operationaler Merkmalsdefinitionen ist auch heute noch Ausgangsbasis jeder psychopathologischen Diagnostik, in die weitere diagnostische Verfahren, beispielsweise höher strukturierte Interviews, spezifische Diagnose-Checklisten, Fragebogen oder psychologische Testuntersuchungen einbezogen werden. Das Psychopathologische Befund-System versucht, ausgehend von der Tradition einer deskriptiven allgemeinen Psychopathologie, durch die Einbeziehung neuerer methodischer Ansätze die Lücke zwischen hochstrukturierten Interviews, die aufgrund ihres Aufwandes in der klinischen Praxis sich nicht durchsetzen können, und einer subjektiven Eindrucksdiagnose zu schließen. Ergebnisse mehrerer Studien konnten zeigen, daß dieses Verfahren gut anwendbar ist und über verschiedene Institutionen hinweg zu vergleichbaren Informationen führt.

An der Entwicklung des Psychopathologischen Befund-Systems wird seit zehn Jahren gearbeitet. Kolleginnen und Kollegen der Kliniken für Psychiatrie und Psychotherapie des Kindes- und Jugendalters in Köln und Zürich waren maßgeblich an der Entwicklung dieses Systems beteiligt. In diesem Zusammenhang danken wir Herrn Dr. Ulrich Altmann-Herz (früher Köln), Herrn Priv.-Doz. Dr. Michael von Aster (Zürich), Frau Dipl.-Psych. Ariane Schamlu, Frau Dr. Petra Schwitzgebel und Frau Dipl.-Psych. Tanja Wolff Metternich (alle Köln).

Frühzeitig konnten im Rahmen einer Arbeitsgruppe der Arbeitsgemeinschaft Methodik und Dokumentation in der Psychiatrie (AMDP) Kolleginnen und Kollegen aus anderen kinder- und jugendpsychiatrischen Kliniken in Deutschland und Österreich zur aktiven Mitarbeit gewonnen werden. Wir bedanken uns für die konstruktive Zusammenarbeit bei Frau Dr. Angelika Althoff (München), Frau Priv.-Doz. Dr. Hedwig Amorosa (München), Herrn Dr. Ekkehart Englert (Frankfurt), Herrn Professor Dr. Jörg Fegert (Rostock), Frau Professor Dr. Brigitte Hackenberg (Innsbruck), Frau Professor Dr. Ulrike Lehmkuhl (Berlin), Herrn Professor Dr. Fritz Poustka (Frankfurt), Herrn Professor Dr. Franz Resch (Heidelberg), Herrn Professor Dr. Dr. Martin Schmidt (Mannheim) und Herrn Professor Dr. M. Schulte-Markwort (Hamburg).

Eine wesentliche Überarbeitung erfuhr das Befund-System im Rahmen des European Network on Diagnostic Instruments of Child and Adolescent Psychiatry (ENDICAP). Wir danken Herrn Professor Fredrik Almqvist (Helsinki), Frau Dr. Marina Danckaerts (Leuven), Herrn Professor Dr. Christopher Gillberg (Göteborg), Frau Dr. Roberta Penge (Rom), Frau Professor Dr. M.C. Mouren-Simeoni (Paris), Frau Dr. Alexandra Roussos (Athen), Frau Dr. Ingrid Spurkland (Oslo), Herrn Professor Dr. Frank Verhulst (Rotterdam). Insbesondere danken wir den Mitgliedern der engeren Planungsgruppe von ENDICAP, Herrn Professor Dr. Ian M. Goodyer (Cambridge), Frau Ass. Professor Kirsten Horder (Odense) und Herrn Professor Dr. Frank Verhulst (Rotterdam), die intensiv an der Überarbeitung des Befund-Systems beteiligt waren.

Köln und Zürich, Mai 1998

Manfred Döpfner
Walter Berner
Henning Flechtner
Gerd Lehmkuhl
Hans-Christoph
Steinhausen

Aufbau des Buches

Das ***Psychopathologische Befund-System für Kinder und Jugendliche (CASCAP-D)*** besteht aus drei Komponenten:

- *dem* **Befundbogen**,
- *dem* **Glossar** *und*
- *dem* **Explorationsleitfaden.**

Diese drei Komponenten stellen den Kern dieses Buches dar, das wie folgt aufgebaut ist:

- In einem einführenden Kapitel wird eine **Übersicht** über die Entwicklung und die Zielsetzungen des *Psychopathologischen Befund-Systems für Kinder und Jugendliche (CASCAP-D)* gegeben. Die klinische Beurteilung anhand des Befund-Systems wird in einen umfassenden Rahmen der multiplen Verhaltens- und Psychodiagnostik eingebunden.
- Der **Befundbogen** ist in Kapitel 2 wiedergegeben.
- Kapitel 3 enthält das **Glossar**, in dem die einzelnen Merkmale geordnet nach den Modulen des Befund-Systems definiert werden. Für jedes Merkmal werden Beispiele für eine stark ausgeprägte Symptomatik gegeben, Explorationsfragen für die Exploration des Patienten und die Bezugsperson werden formuliert, und andere abzugrenzende Merkmale des Befund-Systems werden aufgelistet.
- Die bereits im Glossar aufgeführten Fragen zur Exploration der einzelnen Merkmale sind in Kapitel 4 noch einmal in einem **Leitfaden zur Exploration** des Patienten und in einem Leitfaden zur Exploration der Bezugsperson zusammengefaßt.
- Das fünfte Kapitel gibt eine Übersicht über bislang vorliegende **empirische Ergebnisse** zu den Vorversionen dieses Befund-Systems. Neben der Häufigkeitsverteilung der Merkmalsausprägungen werden Ergebnisse zur faktoriellen Validität, zu Skalenbildung und Reliabilität der Skalen sowie zur konvergenten und diskriminanten Validität dargestellt.

Inhalt

1 Übersicht über das Psychopathologische Befund-System (CASCAP-D)

Das *Psychopathologische Befund-System für Kinder und Jugendliche (CASCAP-D)* dient der klinischen Beurteilung einzelner psychopathologischer Merkmale (Symptome) aufgrund eines halbstrukturierten Interviews mit dem Patienten und der begleitenden Bezugsperson sowie aufgrund der Beobachtung des Untersuchers in der Untersuchungssituation. Obwohl weitgehend differenzierte standardisierte Interviews zur Erfassung psychischer Störungen bei Kindern und Jugendlichen existieren (z. B. Shaffer et al., 1989; Esser et al., 1989; Unnewehr et al., 1995), werden diese Verfahren aufgrund ihres beträchtlichen Aufwandes in der klinischen Praxis kaum eingesetzt. Standardisierte Dokumentationen des psychopathologischen Befundes, die eine Beurteilung der psychischen Störungen von Kindern und Jugendlichen im Anschluß an eine klinische Exploration des Patienten und seiner Bezugsperson erlauben, wurden zwar in verschiedenen kinder- und jugendpsychiatrischen Kliniken schon seit geraumer Zeit angewandt, sie deckten jedoch nicht den gesamten Bereich psychopathologischer Auffälligkeiten ab. Darüber hinaus war ein systematischer Vergleich über die verschiedenen Institutionen hinweg aufgrund der unterschiedlichen Konzeptionen der Befunde nicht möglich.

Für die Erwachsenenpsychiatrie existiert dagegen seit längerem das von der Arbeitsgemeinschaft Methodik und Dokumentation in der Psychiatrie (AMDP) entwickelte Dokumentationssystem des psychischen Befundes, das vor allem im deutschen Sprachraum, aber auch darüber hinaus eine weite Verbreitung gefunden hat (Arbeitsgemeinschaft für Methodik und Dokumentation in der Psychiatrie, 1981, 1995; Fähndrich & Stieglitz, 1989; Haug & Stieglitz, 1997).

Bei der Entwicklung des *Psychopathologischen Befund-Systems für Kinder und Jugendliche (CASCAP-D)* dienten das AMDP-System sowie die Diagnosekriterien nach ICD-10 und DSM III-R/DSM IV als Orientierungsrahmen. Mit der Entwicklung des Befund-Systems wurden mehrere Ziele verfolgt:

1. **Erfassung der wichtigsten Merkmale psychischer Störungen im Kindes- und Jugendalter:** Das Befund-System mußte breiter angelegt werden als das AMDP-System für Erwachsene, das vor allem psychotische Störungen besonders differenziert erhebt. Zwar können alle psychopathologischen Phänomene des Erwachsenenalters spätestens im Jugendalter beobachtet werden, jedoch sind im Kindes- und Jugendalter die Schwerpunkte anders verteilt als im Erwachsenenalter: Psychosen und schwere affektive Störungen treten in der Regel erst ab dem Jugendalter auf und stellen auch in klinischen Populationen dieser Altersgruppe einen relativ geringen Anteil. Demgegenüber sind externale Störungen (hyperkinetische Störungen, Störungen des Sozialverhaltens) in allen Altersgruppen relativ häufig zu beobachten, während diese Störungsformen in der Erwachsenenpsychiatrie eher von untergeordneter Bedeutung sind. Darüber hinaus sind altersspezifische psychopathologische Phänomene zu beobachten, die im Erwachsenenalter nicht oder nur sehr selten auftreten. Dazu gehören psychische Auffälligkeiten, die im Rahmen des frühkindlichen Autismus

zu beobachten sind, ebenso wie Entwicklungsstörungen psychischer Funktionen, z. B. der Sprachentwicklung.

2. **Einsetzbarkeit in klinischen Routineabläufen:** Um die Anwendung des Befund-Systems in der klinischen Routine zu erleichtern, wurde der Durchführungsökonomie besondere Beachtung geschenkt, indem analog zum AMDP-System die zu beurteilenden Merkmale in Merkmalsgruppen zusammengefaßt wurden. Die Merkmalsgruppen können global entweder als „unauffällig" oder „nicht beurteilbar" eingeschätzt werden, wobei dann die Beurteilung der Einzelmerkmale entfällt.
3. **Berücksichtigung der Situationsspezifität psychopathologischer Merkmale:** Häufig lassen sich psychische Auffälligkeiten bei Kindern und Jugendlichen in der Untersuchungssituation nicht direkt beobachten und beurteilen, sondern können nur durch Befragung des Patienten oder der Bezugsperson erhoben werden. Deshalb soll durch das Befund-System erstens die in der Untersuchungssituation *während der Exploration* feststellbare aktuelle Symptomatik beurteilt werden. Zweitens soll davon unabhängig das Ausmaß eingeschätzt werden, in dem die Symptomatik *in anderen Kontexten* (in der Familie, der Schule, in der Gleichaltrigengruppe usw.) auftritt.

Die Entwicklung des *Psychopathologischen Befund-Systems für Kinder und Jugendliche* (CASCAP-D) wurde an den Kliniken für Kinder- und Jugendpsychiatrie der Universitäten Köln und Zürich 1989 begonnen. Die ersten Versionen mit der Bezeichnung „Psychopathologische Befund-Dokumentation" (Döpfner et al., 1991, 1995 a) wurden ab 1990 in der klinischen Routineanwendung überprüft und in den folgenden Jahren im Rahmen einer Arbeitsgruppe der AMDP mehreren Revisionen unterworfen. In mehreren Studien wurde das Instrument empirischen Analysen unterzogen (Döpfner et al., 1993 a, 1994 a,b, 1997 b; Döpfner & Lehmkuhl, 1995). Im deutschsprachigen Raum ist dieses Befund-System auf eine breite Akzeptanz gestoßen, so daß es mittlerweile in den meisten Universitätskliniken für Kinder- und Jugendpsychiatrie und in zunehmendem Maße auch in Landeskliniken sowie in kinder- und jugendpsychiatrischen Praxen routinemäßig eingesetzt wird.

Da auch auf internationaler Ebene kein vergleichbares Instrumentarium vorliegt, wurde mit Unterstützung des BIOMED-Programmes der Europäischen Union ein *European Network on Diagnostic Instruments for Children and Adolescents (ENDICAP)* gegründet, dem Fachleute aus 14 europäischen Nationen angehören. Innerhalb dieses Netzwerkes wurde die Psychopathologische Befund-Dokumentation überarbeitet, und eine englische sowie eine deutsche Fassung wurden erstellt. Durch die Überarbeitung wurde das Instrumentarium verkürzt und vereinfacht. In der englischen Fassung erhielt das Instrument die Bezeichnung *Clinical Assessment Scale for Child and Adolescent Psychopathology (CASCAP)* (Döpfner et al., 1995 b). Für die deutsche Fassung wurde die Bezeichung *Psychopathologisches Befund-System für Kinder und Jugendliche (CASCAP-D)* gewählt. Gegenwärtig wird das Instrument in weitere europäische Sprachen übersetzt.

CASCAP-D besteht aus 13 Modulen, in denen die insgesamt 98 Merkmale zu Merkmalsgruppen zusammengefaßt sind (siehe Tab. 1). Die Ausprägung der einzelnen Merkmale wird anhand einer vierstufigen Skala (3 = stark, 2 = deutlich, 1 = leicht, 0 = nicht vorhanden) beurteilt, oder das Merkmal wird als nicht beurteilbar (9 = nicht bekannt) eingeschätzt. Ganze Merkmalsbereiche können global als unauffällig (0 = nicht vorhanden) oder als nicht beurteilbar (9 = nicht bekannt) dokumentiert werden. In diesem Fall entfällt die Beurteilung der einzelnen Merkmale dieses Moduls.

Tabelle 1:
Übersicht über die Merkmalsbereiche des Psychopathologischen Befund-Systems (CASCAP-D)

	Merkmalsbereiche	Anzahl der Items
1	Interaktion	8
2	Regelbezogenes Verhalten	8
3	Entwicklungsstörungen	8
4	Aktivität und Aufmerksamkeit	4
5	Psychomotorik	4
6	Angst	7
7	Zwang	2
8	Stimmung und Affekt	11
9	Eßverhalten	6
10	Körperliche Beschwerden	11
11	Denken und Wahrnehmung	13
12	Gedächtnis, Orientierung und Bewußtsein	3
13	Andere	13
	Gesamt	98

CASCAP-D kann sowohl zur Erfassung des psychopathologischen Befundes bei der Erstuntersuchung als auch für Verlaufs- und Abschlußuntersuchungen eingesetzt werden. Um eine Vergleichbarkeit von Befunden aus verschiedenen Einrichtungen oder Studien zu gewährleisten, sollte die Erstuntersuchung mit CASCAP-D innerhalb der ersten drei Sitzungen erfolgen. Bei der Beurteilung können Angaben von verschiedenen Informanten berücksichtigt werden. Entsprechend kann die Exploration mit Kind und Begleitperson gemeinsam, mit dem Kind alleine, mit der Begleitperson alleine oder mit anderen Informanten (z. B. Lehrern) erfolgen.

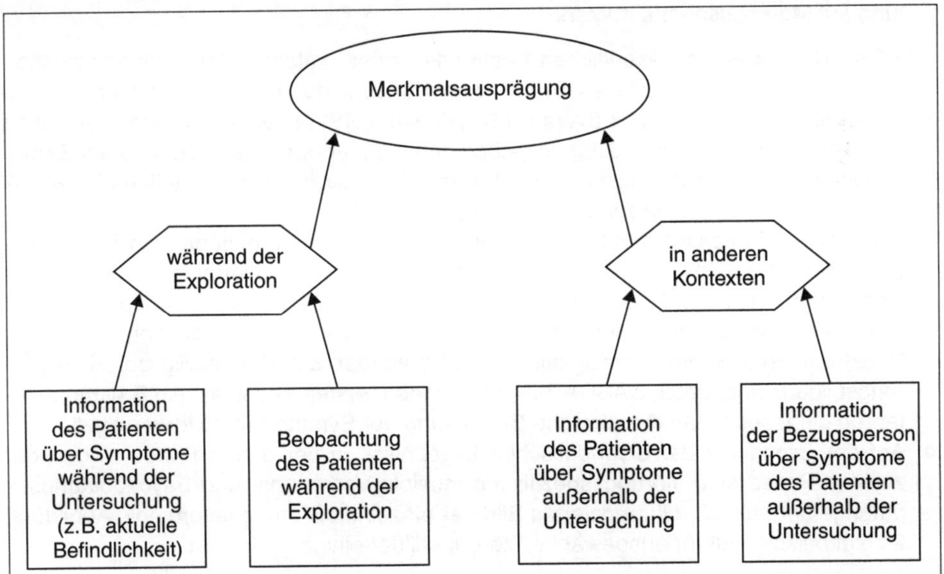

Abbildung 1:
Beurteilungsebenen und Beurteilungsbasis des *Psychopathologischen Befund-Systems für Kinder und Jugendliche (CASCAP-D)*

Die Beurteilung der aktuellen Symptomatik **während der Exploration** basiert auf Informationen des Patienten und auf der Beobachtung seines Verhaltens. Die Beurteilung der Merkmale, die in **anderen Kontexten** auftreten, stützt sich auf Informationen des Patienten und seiner Begleitperson (siehe Abb. 1). Die Beurteilung der Merkmalsausprägung außerhalb der Untersuchungssituation bezieht sich üblicherweise auf den Zeitraum der letzten sechs Monate. Andere Beurteilungszeiträume sind jedoch möglich und können auf dem Befundbogen eingetragen werden.

Das *Psychopathologische Befund-System für Kinder und Jugendliche (CASCAP-D)* erlaubt eine psychopathologische Beurteilung auf verschiedenen Ebenen:

- **Erfassung von Einzelsymptomen**: CASCAP-D ergänzt die kategoriale Diagnostik auf der Basis der internationalen Klassifikationssysteme (ICD-10 oder DSM-IV) durch eine phänomenologische Beschreibung der psychischen Störungen von Patienten auf der Ebene von Einzelsymptomen. Für die Praxis wird dadurch eine einfache und ökonomische Dokumentation der klinischen Einschätzung aufgrund einer Exploration des Patienten und seiner Bezugsperson ermöglicht. Als ein für die Praxis konzipiertes Instrument kann das System nicht die Reliabilität von hochstrukturierten Interviews erreichen. Es bildet jedoch klinische Urteilsstrukturen ab und ist deshalb vor allem in der klinischen Praxis bei der Verdichtung von Informationen besonders nützlich.
- **Datenaggregation zu Symptomskalen:** Einzelne Items können zu Symptomskalen zusammengefaßt werden (siehe Kap. 5). Durch diese Datenaggregation kann in der Einzelfalldiagnostik ein individuelles Symptomskalenprofil erstellt werden, das neben der klinischen Diagnose eine differenziertere Beschreibung der psychischen Auffälligkeiten von Patienten auf wesentlichen Dimensionen erlaubt. An einer Erstellung von Referenzwerten wird zur Zeit gearbeitet. In der Einzelfalldiagnostik sollte man jedoch die Skalenwerte immer nur als erste Orientierungshilfe für die weitergehende Betrachtung auf Merkmalsebene nutzen.

CASCAP-D stellt einen wesentlichen Bestandteil eines umfassenderen diagnostischen Zuganges dar, wie er beispielsweise in dem Konzept der *multiplen Verhaltens- und Psychodiagnostik* formuliert ist (Döpfner & Lehmkuhl, 1997). Dabei werden psychische Auffälligkeiten von Kindern und Jugendlichen anhand mehrerer Instrumente unter Einbeziehung verschiedener Beurteiler erfaßt. Die multiple Psycho- und Verhaltensdiagnostik ist, wie Abbildung 2 zeigt, in zwei Phasen unterteilt:

- In der ersten Phase werden Basisverfahren der multiplen Verhaltens- und Psychodiagnostik durchgeführt, in der durch standardisierte Breitbandverfahren das klinische Urteil, das Urteil der Eltern, der Lehrer oder Kindergarten-Erzieherinnen und das Selbsturteil des Jugendlichen erhoben werden. Diese Verfahren decken ein breites Spektrum psychischer Auffälligkeiten ab und werden standardmäßig bei allen Störungsbildern eingesetzt. CASCAP-D wird in dieser ersten Phase als ein Breitbandverfahren eingesetzt, das die klinische Beurteilung der Symptomatik widerspiegelt.
- Auf der Grundlage der diagnostischen Ergebnisse in der ersten Phase wird in der zweiten Phase eine störungsspezifische multiple Verhaltens- und Psychodiagnostik durchgeführt, die ein differenziertes Bild der einzelnen Störung liefern soll. Abbildung 2 zeigt beispielhaft für ausgewählte Störungsbilder einige Verfahren.

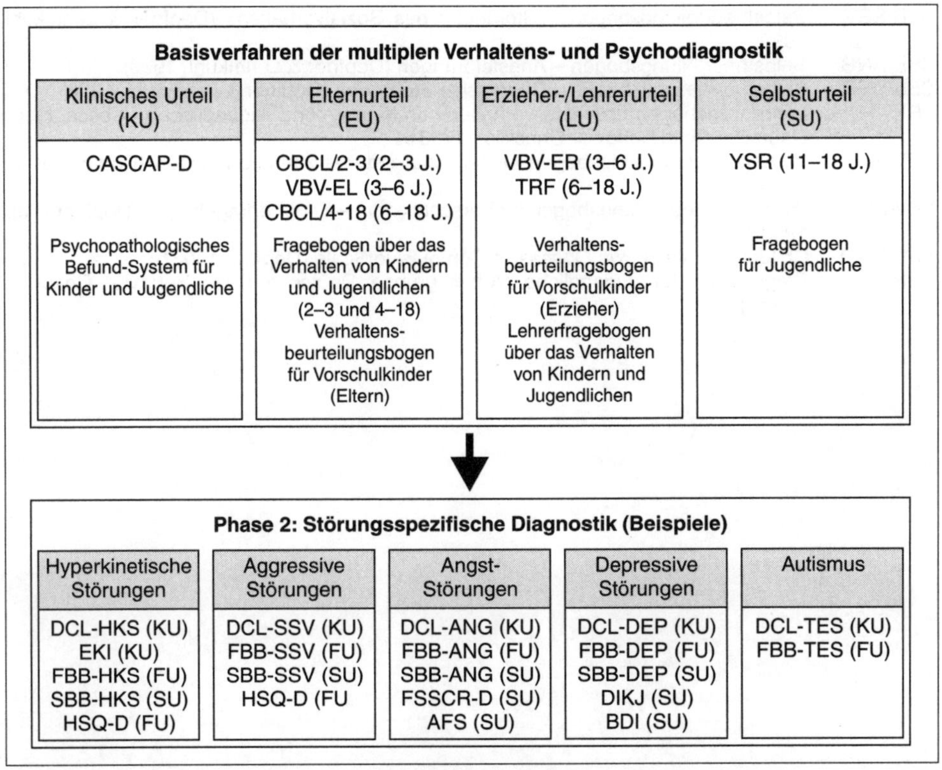

Abbildung 2:
Phasen der multiplen Verhaltens- und Psychodiagnostik (nach Döpfner & Lehmkuhl, 1997)

Legende zu Abbildung 2:

AFS	Angstfragebogen für Schüler (Wieczerkowski et al., 1974)
BDI	Beck-Depressions-Inventar (Hautzinger et al., 1994)
CBCL/2–3	Elternfragebogen über das Verhalten von Kleinkindern (Arbeitsgruppe Deutsche Child Behavior Checklist, 1993 d)
CBCL/4–18	Elternfragebogen über das Verhalten von Kindern und Jugendlichen (Arbeitsgruppe Deutsche Child Behavior Checklist, 1993 a)
DCL-HKS	Diagnose-Checkliste – Hyperkinetische Störungen (Döpfner & Lehmkuhl, 1998)
DCL-SSV	Diagnose-Checkliste – Störungen des Sozialverhaltens (Döpfner & Lehmkuhl, 1998)
DCL-ANG	Diagnose-Checkliste – Angststörungen (Döpfner & Lehmkuhl, 1998)
DCL-DEP	Diagnose-Checkliste – Depressive Störungen (Döpfner & Lehmkuhl, 1998)
DIKJ	Depressionsinventar für Kinder und Jugendliche (Stiensmeier-Pelster et al., 1989)
EKI	Elterninterview zur Eltern-Kind-Interaktion (Döpfner et al., 1997 c)
FBB-HKS	Fremdbeurteilungsbogen – Hyperkinetische Störungen (Döpfner & Lehmkuhl, 1998)
FBB-SSV	Fremdbeurteilungsbogen – Störungen des Sozialverhaltens (Döpfner & Lehmkuhl, 1998)
FBB-ANG	Fremdbeurteilungsbogen – Angststörungen (Döpfner & Lehmkuhl, 1998)
FBB-DEP	Fremdbeurteilungsbogen – Depressive Störungen (Döpfner & Lehmkuhl, 1998)
FSSCR-D	Angstinventar für Kinder und Jugendliche (deutsche Fassung des Fear Survey Schedule for Children-Revised) (Döpfner & Schnabel, 1998)
HSQ-D	Elternfragebogen über Problemsituationen in der Familie (Döpfner et al., 1997 c)
LOIC-D	Leyton Obsessional Inventory – Child Version (Döpfner 1993 b)
SBB-HKS	Selbstbeurteilungsbogen – Hyperkinetische Störungen (Döpfner & Lehmkuhl, 1998)

SBB-SSV	Selbstbeurteilungsbogen – Störungen des Sozialverhaltens (Döpfner & Lehmkuhl, 1998)
SBB-ANG	Selbstbeurteilungsbogen – Angststörungen (Döpfner & Lehmkuhl, 1998)
SBB-DEP	Selbstbeurteilungsbogen – Depressive Störungen (Döpfner & Lehmkuhl, 1998)
TRF	Lehrerfragebogen über das Verhalten von Kindern und Jugendlichen (Arbeitsgruppe Deutsche Child Behavior Checklist, 1993 b)
VBV-EL	Verhaltensbeurteilungsbogen für Vorschulkinder – Elternfragebogen (Döpfner et al., 1993 b)
VBV-ER	Verhaltensbeurteilungsbogen für Vorschulkinder – Erzieherfragebogen (Döpfner et al., 1993 b)
YBOCS-D	Children's Yale-Brown Obsessive Compulsive Scale (Döpfner 1993 b)
YSR	Fragebogen für Jugendliche (Arbeitsgruppe Deutsche Child Behavior Checklist, 1993 c)

2 Befundbogen

M. Döpfner, W. Berner, H. Flechtner, G. Lehmkuhl und H.-C. Steinhausen

Psychopathologisches Befund-System für Kinder und Jugendliche (CASCAP-D)

Befundbogen

Beurteiler:		**Beruf:**	in Ausbildung mit Abschluß	1 2	Psychiater Psychologe	1 2	
Patient:			**Fall-Nr.:**			**Episode**	
Therapie:	ambulant	1	stationär	2	teilstationär	3	
Alter (J.)	**männlich**	1	**weiblich**	2			
Zeitraum für die Beurteilung „anderer Kontext“					(in Monaten)[1]:		
Die Beurteilung beruht auf					(Anzahl der Sitzungen)[2]:		

	ja	nein
Exploration mit Kind und Begleitperson(en) gemeinsam	1	0
Exploration mit dem Kind alleine	1	0
Exploration mit der (den) Begleitperson(en) alleine	1	0
Andere Informationsquellen (z. B. Lehrer)	1	0

CASCAP-Kodierung: **Ausprägungsgrad**
3 = stark, 2 = deutlich, 1 = leicht, 0 = nicht vorhanden, 9 = nicht bekannt

	während der Exploration	**anderer Kontext**
1 Interaktion	**0 9**	**0 9**
1 Überangepaßt	3 2 1 0 9	3 2 1 0 9
2 Scheu/unsicher	3 2 1 0 9	3 2 1 0 9
3 Sozial zurückgezogen/isoliert	3 2 1 0 9	3 2 1 0 9
4 Sprechverweigerung/Mutismus	3 2 1 0 9	3 2 1 0 9
5 Demonstrativ	3 2 1 0 9	3 2 1 0 9
6 Distanzgemindert/enthemmt	3 2 1 0 9	3 2 1 0 9
7 Verminderte Empathie	3 2 1 0 9	3 2 1 0 9
8 Mangel an sozialer Gegenseitigkeit/Kommunikation	3 2 1 0 9	3 2 1 0 9
2 Oppositionell-dissoziales Verhalten	**0 9**	**0 9**
1 Dominant	3 2 1 0 9	3 2 1 0 9
2 Oppositionell/verweigernd	3 2 1 0 9	3 2 1 0 9
3 Verbale Aggression	3 2 1 0 9	3 2 1 0 9
4 Körperliche Aggression	3 2 1 0 9	3 2 1 0 9
5 Lügen/Betrügen	3 2 1 0 9	3 2 1 0 9
6 Stehlen	3 2 1 0 9	3 2 1 0 9
7 Weglaufen/Schuleschwänzen	3 2 1 0 9	3 2 1 0 9
8 Zerstören von Eigentum/Feuerlegen	3 2 1 0 9	3 2 1 0 9

1) Im allgemeinen sollte sich die Beurteilung auf einen Zeitraum von 6 Monaten beziehen.
2) Im allgemeinen sollte sich die Beurteilung auf nicht mehr als 3 Sitzungen stützen.

CASCAP-Kodierung: **Ausprägungsgrad** 3 = stark 1 = leicht 9 = nicht 2 = deutlich 0 = nicht vorhanden bekannt	**während der Exploration**	**anderer Kontext**
3 Entwicklungsstörungen	**0 9**	**0 9**
1 Intelligenzminderung ______	3 2 1 0 9	3 2 1 0 9
2 Artikulationsstörung ______	3 2 1 0 9	3 2 1 0 9
3 Expressive Sprachstörung ______	3 2 1 0 9	3 2 1 0 9
4 Rezeptive Sprachstörung ______	3 2 1 0 9	3 2 1 0 9
5 Stottern/Poltern ______	3 2 1 0 9	3 2 1 0 9
6 Störung der Motorik ______	3 2 1 0 9	3 2 1 0 9
7 Spielstörung ______	3 2 1 0 9	3 2 1 0 9
8 Störung schulischer Fertigkeiten ______	3 2 1 0 9	3 2 1 0 9
4 Aktivität und Aufmerksamkeit	**0 9**	**0 9**
1 Verminderte körperliche Aktivität ______	3 2 1 0 9	3 2 1 0 9
2 Gesteigerte körperliche Aktivität ______	3 2 1 0 9	3 2 1 0 9
3 Impulsivität ______	3 2 1 0 9	3 2 1 0 9
4 Unaufmerksam/ablenkbar ______	3 2 1 0 9	3 2 1 0 9
5 Psychomotorik	**0 9**	**0 9**
1 Motorische Tics ______	3 2 1 0 9	3 2 1 0 9
2 Vokale Tics ______	3 2 1 0 9	3 2 1 0 9
3 Manierismen/Stereotypien ______	3 2 1 0 9	3 2 1 0 9
4 Abnorme Gewohnheiten (z. B. Nägelbeißen) ______	3 2 1 0 9	3 2 1 0 9
6 Angst	**0 9**	**0 9**
1 Trennungsangst ______	3 2 1 0 9	3 2 1 0 9
2 Umschriebene Phobie (beschreibe): ______	3 2 1 0 9	3 2 1 0 9
3 Leistungsangst ______	3 2 1 0 9	3 2 1 0 9
4 Soziale Angst ______	3 2 1 0 9	3 2 1 0 9
5 Agoraphobie ______	3 2 1 0 9	3 2 1 0 9
6 Panikattacken ______	3 2 1 0 9	3 2 1 0 9
7 Generalisierte Angst ______	3 2 1 0 9	3 2 1 0 9
7 Zwang	**0 9**	**0 9**
1 Zwangsgedanken ______	3 2 1 0 9	3 2 1 0 9
2 Zwangshandlungen ______	3 2 1 0 9	3 2 1 0 9

CASCAP-Kodierung: **Ausprägungsgrad** 3 = stark 1 = leicht 9 = nicht 2 = deutlich 0 = nicht vorhanden bekannt	**während der Exploration**	**anderer Kontext**
8 Stimmung und Affekt	**0 9**	**0 9**
1 Depressiv/traurig	3 2 1 0 9	3 2 1 0 9
2 Reizbar/dysphorisch	3 2 1 0 9	3 2 1 0 9
3 Anhedonie	3 2 1 0 9	3 2 1 0 9
4 Mangelndes Selbstvertrauen	3 2 1 0 9	3 2 1 0 9
5 Hoffnungslosigkeit/Verzweiflung	3 2 1 0 9	3 2 1 0 9
6 Schuldgefühle/Selbstanklage	3 2 1 0 9	3 2 1 0 9
7 Affektarm	3 2 1 0 9	3 2 1 0 9
8 Interesselosigkeit/Apathie	3 2 1 0 9	3 2 1 0 9
9 Affektlabil	3 2 1 0 9	3 2 1 0 9
10 Innere Unruhe/getrieben	3 2 1 0 9	3 2 1 0 9
11 Gesteigertes Selbstwertgefühl/euphorisch	3 2 1 0 9	3 2 1 0 9
9 Eßverhalten	**0 9**	**0 9**
1 Selbst herbeigeführter Gewichtsverlust		3 2 1 0 9
2 Verminderte/auffällig kontrollierte Nahrungsaufnahme		3 2 1 0 9
3 Heißhunger- und Eßattacken		3 2 1 0 9
4 Erhöhte Nahrungsaufnahme		3 2 1 0 9
5 Rumination	3 2 1 0 9	3 2 1 0 9
6 Pica	3 2 1 0 9	3 2 1 0 9
10 Körperliche Beschwerden	**0 9**	**0 9**
1 Appetitverlust	3 2 1 0 9	3 2 1 0 9
2 Erbrechen	3 2 1 0 9	3 2 1 0 9
3 Einnässen (tagsüber)	3 2 1 0 9	3 2 1 0 9
4 Bettnässen		3 2 1 0 9
5 Einkoten	3 2 1 0 9	3 2 1 0 9
6 Schlafprobleme (beschreibe):		3 2 1 0 9
7 Dissoziation/Konversion (beschreibe):	3 2 1 0 9	3 2 1 0 9
8 Autonome Dysfunktionen (beschreibe):	3 2 1 0 9	3 2 1 0 9
9 Schmerzen (beschreibe):	3 2 1 0 9	3 2 1 0 9
10 Fatigue	3 2 1 0 9	3 2 1 0 9
11 Hypochondrie	3 2 1 0 9	3 2 1 0 9

CASCAP-Kodierung: **Ausprägungsgrad** 3 = stark, 2 = deutlich, 1 = leicht, 0 = nicht vorhanden, 9 = nicht bekannt	**während der Exploration**	**anderer Kontext**
11 Denken und Wahrnehmung	**0 9**	**0 9**
1 Gehemmt/verlangsamt	3 2 1 0 9	3 2 1 0 9
2 Umständlich/weitschweifig	3 2 1 0 9	3 2 1 0 9
3 Eingeengt	3 2 1 0 9	3 2 1 0 9
4 Perseveration	3 2 1 0 9	3 2 1 0 9
5 Grübeln	3 2 1 0 9	3 2 1 0 9
6 Ideenflucht	3 2 1 0 9	3 2 1 0 9
7 Inkohärenz/Zerfahrenheit/Paralogik	3 2 1 0 9	3 2 1 0 9
8 Gedankenlautwerden/-entzug/-eingebung/-ausbreitung	3 2 1 0 9	3 2 1 0 9
9 Sensitiv/mißtrauisch	3 2 1 0 9	3 2 1 0 9
10 Derealisation/Depersonalisation	3 2 1 0 9	3 2 1 0 9
11 Illusionäre Verkennung	3 2 1 0 9	3 2 1 0 9
12 Halluzination	3 2 1 0 9	3 2 1 0 9
13 Wahn	3 2 1 0 9	3 2 1 0 9
12 Gedächtnis, Orientierung und Bewußtsein	**0 9**	**0 9**
1 Merkfähigkeits-/Gedächtnisstörungen	3 2 1 0 9	3 2 1 0 9
2 Orientierungsstörungen	3 2 1 0 9	3 2 1 0 9
3 Störungen der Wachheit/des Bewußtseins	3 2 1 0 9	3 2 1 0 9
13 Andere	**0 9**	**0 9**
1 Abnorme Bindung an Objekte (beschreibe):	3 2 1 0 9	3 2 1 0 9
2 Abnorme Vorlieben/Interessen (beschreibe):	3 2 1 0 9	3 2 1 0 9
3 Selbstverletzendes Verhalten (beschreibe):	3 2 1 0 9	3 2 1 0 9
4 Suizidgedanken (beschreibe):	3 2 1 0 9	3 2 1 0 9
5 Suizidale Handlungen (beschreibe):	3 2 1 0 9	3 2 1 0 9
6 Alkoholmißbrauch	3 2 1 0 9	3 2 1 0 9
7 Drogenmißbrauch (beschreibe):	3 2 1 0 9	3 2 1 0 9
8 Körperschemastörung	3 2 1 0 9	3 2 1 0 9
9 Geschlechtsidentitäts-/sexuelle Störungen (beschreibe):	3 2 1 0 9	3 2 1 0 9
10 Sexualisiertes Verhalten (beschreibe):	3 2 1 0 9	3 2 1 0 9
11 Nicht andernorts beschrieben (beschreibe):	3 2 1 0 9	3 2 1 0 9
12 Nicht andernorts beschrieben (beschreibe):	3 2 1 0 9	3 2 1 0 9
13 Nicht andernorts beschrieben (beschreibe):	3 2 1 0 9	3 2 1 0 9

3 Glossar

3.1 Aufbau des Glossars

CASCAP-D besteht aus 13 Modulen, in denen jeweils einzelne Merkmale zu Merkmalsgruppen zusammengefaßt sind (siehe Tab. 1). Wenn ein gesamter Merkmalsbereich als unauffällig (0 = nicht vorhanden) bzw. nicht beurteilbar (9 = nicht bekannt) eingeschätzt wird, dann entfällt die Beurteilung der einzelnen Merkmale dieses Moduls. Mit Ausnahme von Modul 1 (Interaktion) und Modul 13 (Andere) sind jedem Modul jeweils Beispiele für eine orientierende Exploration vorangestellt. Falls sich hier keine Hinweise auf psychopathologische Symptome ergeben, kann zum nächsten Modul übergegangen werden. Die Merkmale von Modul 1 sollten immer exploriert werden.

Die Beurteilung der Symptomatik *während der Exploration* basiert auf Selbsteinschätzungen des Patienten (beispielsweise hinsichtlich seiner aktuellen emotionalen Befindlichkeit) und auf Verhaltensbeobachtungen des Untersuchers. Die Symptomatik *in anderen Kontexten* (außerhalb der Untersuchungssituation) wird auf der Grundlage der Selbsteinschätzungen des Patienten und auf der Basis der Fremdeinschätzungen der Bezugsperson beurteilt (siehe Abb. 1). Diese Selbst- und Fremdeinschätzungen bzw. Verhaltensbeobachtungen haben bei der Beurteilung der einzelnen Merkmale unterschiedliche Relevanz. Wie beim AMDP-System wird daher im Glossar bei der Darstellung der einzelnen Merkmale darauf hingewiesen, in welchem Umfang jeweils Selbst- und Fremdeinschätzungen/Verhaltensbeobachtungen für die klinische Beurteilung herangezogen werden müssen. Mit **F = Fremdeinschätzung/Verhaltensbeobachtung** wird das vom Untersucher/der Bezugsperson direkt beobachtbare Verhalten bezeichnet, mit **S = Selbsteinschätzung** das vom Patienten dem Untersucher oder der Bezugsperson berichtete Erleben. Die unterschiedliche Gewichtung der Quellen bei der Urteilsbildung wird analog zum AMDP-System durch folgende Kennzeichnung zum Ausdruck gebracht:

S Die Selbsteinschätzung ist allein heranzuziehen.
F Die Fremdeinschätzung der Bezugsperson bzw. die Verhaltensbeobachtung des Untersuchers ist allein heranzuziehen.
SF Selbst- und Fremdeinschätzung/Verhaltensbeobachtung sind gleichgewichtig.
sF Die Selbsteinschätzung ist weniger bedeutsam als die Fremdeinschätzung/Verhaltensbeobachtung.
Sf Die Selbsteinschätzung ist bedeutsamer als die Fremdeinschätzung/Verhaltensbeobachtung.

> Die Beurteilungen sollten eher konservativ erfolgen; im Zweifelsfall sollte die geringere Ausprägung gewählt werden. Bei der Beurteilung der Merkmale sollte die vermutete oder bekannte Diagnose keine Rolle spielen und aus einer Verdachtsdiagnose dürfen keine Rückschlüsse auf das Vorhandensein oder Nichtvorhandensein von Merkmalen gezogen werden.

Die Beschreibung der einzelnen Merkmale der 13 Module ist wie folgt gegliedert:

1. **Kurzbezeichnung** des Merkmals und der Bedeutung der Selbsteinschätzung des Patienten (S bzw. s) und der Verhaltensbeobachtung durch den Untersuchers bzw. der Fremdeinschätzung der Bezugsperson (F bzw. f) als Informationsquellen für die Urteilsbildung.
2. Kurze **Definition** des Merkmals.
3. Allgemeine oder beispielhafte Beschreibung einer **starken Ausprägung** (Grad 3) des Merkmals während der Exploration (EXPLOR) und in einem anderen Kontext (KONTEXT). Dadurch wird ein Urteilsanker gesetzt.
4. **Einstiegsfragen zur Exploration** des Patienten (*Patient*) und der Bezugsperson *(Bezugsp)*. Die Einstiegsfragen stellen Beispiele für die Exploration des Patienten bzw. der Bezugspersonen dar. Bei den meisten Merkmalen muß sowohl der Patient als auch die Bezugsperson exploriert werden, um eine adäquate Beurteilung der Merkmalsausprägung *in anderen Kontexten* außerhalb der Untersuchungssituation zu gewährleisten. Bei der Exploration des Patienten wird „Du" als Ansprache gewählt. Jugendliche werden jedoch meist in der Exploration mit „Sie" angesprochen.
5. Hinweise auf **abzugrenzende und verwandte Merkmale**. Die Liste dieser Merkmale stellt keine Ausschlußkriterien dar, sondern soll zur differenzierten psychopathologischen Beurteilung beitragen. So können beispielsweise Heißhunger- und Eßattacken (9.3) mit einer allgemein erhöhten Nahrungsaufnahme (9.4) einhergehen; beide Phänomene können aber auch unabhängig voneinander auftreten.

3.2 Die Module des Befundsystems

1 Interaktion

1.1 Überangepaßt (sF)

Der Patient versucht, den tatsächlichen oder vermuteten Erwartungen anderer unter Hintanstellung der eigenen Wünsche, Bedürfnisse oder Meinungen gerecht zu werden.

Beispiel für „Stark ausgeprägte Symptomatik":

Explor/ Kontext
- P versucht sich in nahezu allen seinen Äußerungen oder Handlungen anderen Bezugspersonen anzupassen, nimmt gemachte Äußerungen wieder zurück oder entschuldigt sich für Handlungen, wenn er den Eindruck hat, sie entsprächen nicht den Erwartungen der Bezugsperson. P richtet sich beim Spiel mit Kindern völlig nach den anderen.

Exploration:

Patient
- *Schließt Du Dich eher der Meinung von anderen an?*
- *Kannst Du Dich schlecht behaupten?*

Bezugsp
- *Übernimmt P eher die Meinungen oder die Wünsche anderer anstelle seiner/ihrer eigenen?*
- *Versucht P, es immer allen Recht zu machen?*

Abzugrenzende Merkmale:	Scheu/unsicher	(1.2)
	Sozial zurückgezogen/isoliert	(1.3)
	Soziale Angst	(6.4)
	Mangelndes Selbstvertrauen	(8.4)
	Interesselosigkeit/Apathie	(8.8)

1.2 Scheu/unsicher (sF)

Scheu und Unsicherheit in Interaktionssituationen können vom Patienten geschildert werden oder aufgrund bestimmter Verhaltensmerkmale wie Erröten, mangelndem Blickkontakt, unflüssiger Rede, Vermeidung bestimmter Situationen erschlossen werden.

Beispiel für „Stark ausgeprägte Symptomatik":

Explor
- P berichtet, sich in der Untersuchungssituation sehr unsicher und unwohl zu fühlen.
- P antwortet dem Untersucher durchgängig mit leiser, stockender Stimme, nimmt kaum Blickkontakt auf.

Kontext
- P vermeidet aufgrund seiner Unsicherheit nahezu jeden Kontakt zu Gleichaltrigen.
- P kann sich in kaum einer Situation selbst behaupten oder sich gegenüber unberechtigten Wünschen und Forderungen von Gleichaltrigen durchsetzen.

Exploration:

Patient
- *Bist Du schüchtern oder wirst Du leicht unsicher?*

Bezugsp
- *Ist P ein sehr zurückhaltendes Kind?*
- *Hat P große Hemmungen, aus sich heraus zu gehen?*

Abzugrenzende Merkmale:	Überangepaßt	(1.1)
	Sozial zurückgezogen/isoliert	(1.3)
	Soziale Angst	(6.4)
	Mangelndes Selbstvertrauen	(8.4)
	Interesselosigkeit/Apathie	(8.8)

1.3 Sozial zurückgezogen/isoliert (SF)

Der Patient nimmt in der Untersuchungssituation kaum Kontakt zum Untersucher/zur Begleitperson auf bzw. nimmt in vermindertem Maße an den alltäglichen Interaktionen in der Familie, der Schule oder in Gleichaltrigengruppen teil.

Sozialer Rückzug kann im Zusammenhang mit verschiedenen Störungen stehen: soziale Angst, Depressivität, mangelnde soziale Kompetenz oder auch im Rahmen einer autistischen/schizoiden oder psychotischen Symptomatik.

Beispiel für „Stark ausgeprägte Symptomatik":

Explor
- P beteiligt sich nicht am Gespräch und nimmt zum Untersucher keinen Kontakt auf.

Kontext	• P nimmt zu anderen Kindern keinen Kontakt auf. • P zieht sich in der Familie ständig auf sein Zimmer zurück.	

Exploration:	
Patient	• *Hast Du wenig Kontakt zu anderen?* • *Bist Du meistens für Dich alleine?*
Bezugsp	• *Nimmt P kaum Kontakt zu anderen auf?* • *Ist P überwiegend alleine?*

Abzugrenzende Merkmale:	Mangel an sozialer Gegenseitigkeit/Kommunikation	(1.8)
	Trennungsangst	(6.1)
	Soziale Angst	(6.4)
	Agoraphobie	(6.5)
	Depressiv/traurig	(8.1)
	Mangelndes Selbstvertrauen	(8.4)
	Interesselosigkeit/Apathie	(8.8)

1.4 Sprechverweigerung/Mutismus (sF)

Der Patient spricht trotz vorhandener Sprachkompetenz in umschriebenen Situationen nicht oder nur sehr wenig.

Beispiel für „Stark ausgeprägte Symptomatik“:

Explor	• P gibt während der gesamten Untersuchung keine sprachliche Äußerung von sich.
Kontext	• P verweigert mit einzelnen Bezugspersonen oder seiner gesamten Umwelt die sprachliche Kommunikation.

Exploration:	
Patient	• *Sprichst Du in bestimmten Situationen oder mit bestimmten Personen überhaupt nicht?*
Bezugsp	• *Spricht P in bestimmten Situationen oder mit bestimmten Personen überhaupt nicht?*

Abzugrenzende Merkmale:	Sozial zurückgezogen/isoliert	(1.3)
	Mangel an sozialer Gegenseitigkeit/Kommunikation	(1.8)
	Oppositionell/verweigernd	(2.2)
	Expressive Sprachstörung	(3.3)
	Rezeptive Sprachstörung	(3.4)
	Soziale Angst	(6.4)
	Depressiv/traurig	(8.1)
	Mangelndes Selbstvertrauen	(8.4)
	Interesselosigkeit/Apathie	(8.8)

1.5 Demonstrativ (F)

Mimische, gestische oder sprachliche Äußerungen, die in ihrer Aufmerksamkeitssuche als situationsunangemessen, unecht oder theatralisch erscheinen.

Beispiel für „Stark ausgeprägte Symptomatik“:

Explor/ Kontext	• Das Verhalten dominiert in der Beziehung zu anderen Personen, prägt die Gesprächssituation und das gesamte Interaktionsverhalten nachhaltig. Es entsteht der Eindruck, als ob Rollen gespielt werden.

Exploration:

Bezugsp	• *Wirkt das Verhalten von P unecht?* • *Muß P sich ständig darstellen?* • *Braucht P in übertriebenem Maße die ständige Aufmerksamkeit seiner/ihrer Umgebung?*

Abzugrenzende Merkmale:	Distanzgemindert/enthemmt	(1.6)
	Dominant	(2.1)
	Gesteigertes Selbstwertgefühl/euphorisch	(8.11)

1.6 Distanzgemindert/enthemmt (F)

Der Patient hält in der Interaktion nicht die altersgemäße und der Beziehung angemessene interpersonale Distanz ein.

Beispiel für „Stark ausgeprägte Symptomatik“:

Explor	• P nimmt engen Körperkontakt zum Untersucher auf. • P redet den Untersucher während der gesamten Untersuchungssituation (bei älteren Kindern/Jugendlichen) mit „Du“ an. • P stellt dem Untersucher wiederholt Fragen über dessen Privatsphäre und läßt sich kaum davon abbringen.
Kontext	• P spricht regelmäßig fremde Erwachsene so an, als ob sie vertraute Bezugspersonen wären, stellt z. B. unangemessene Forderungen. • P sucht permanent die körperliche Nähe zu engen Bezugspersonen und beachtet Grenzsetzungen nicht.

Exploration:

Bezugsp	• *Hält P gegenüber fremden Personen keine Distanz ein?* • *Wird P viel zu schnell vertraulich?*

Abzugrenzende Merkmale:	Demonstrativ	(1.5)
	Dominant	(2.1)
	Gesteigertes Selbstwertgefühl/euphorisch	(8.11)

1.7 Verminderte Empathie (F)

Störungen der Fähigkeit, sich in die Gefühle und Stimmungen eines anderen hineinzuversetzen. Es liegt beispielsweise ein Mangel vor, Freude oder Trauer bei anderen mitzuempfinden. Auffällig ist die innere Unberührtheit und die mangelnde Fähigkeit, Gefühlsäußerungen zu erfassen.

Empathiestörungen können isoliert oder im Zusammenhang mit verschiedenen Störungen beobachtet werden. Insbesondere bei: Autismus, organischen Psychosyndromen, dissoziativen Störungen, affektiven Störungen, dissozialen Störungen, Persönlichkeitsstörungen und schizophrenen Psychosen.

Beispiel für „Stark ausgeprägte Symptomatik“:

Explor
- P Ist völlig unbetroffen, wenn andere starke Gefühlsregungen zeigen.
- P läßt keine Resonanz auf die Gefühle anderer erkennen.
- P ist außerstande, die Gefühle anderer wahrzunehmen.

Kontext
- P zeigt keine emotionale Beteiligung bei traurigen oder freudigen familiären Ereignissen.

Exploration:

Bezugsp
- *Haben Sie den Eindruck, daß P die Gefühle von anderen nicht richtig wahrnimmt und nicht auf sie eingehen kann?*

Abzugrenzende Merkmale:	Mangel an sozialer Gegenseitigkeit/Kommunikation	(1.8)
	Affektarm	(8.7)

1.8 Mangel an sozialer Gegenseitigkeit/Kommunikation (F)

Die Unfähigkeit, Blickkontakt, Mimik, Körperhaltung und Gestik zur Regulation sozialer Interaktionen zu verwenden. Es liegt ein Mangel an sozio-emotionaler Gegenseitigkeit vor, der sich in einer Beeinträchtigung oder devianten Reaktion auf die Emotionen anderer äußert. Ferner besteht ein Mangel an Verhaltensmodulation entsprechend dem sozialen Kontext oder eine nur labile Integration des sozialen, emotionalen und kommunikativen Verhaltens. Beziehungen zu Gleichaltrigen mit gemeinsamen Interessen und Aktivitäten werden nicht aufgenommen. Das Merkmal tritt in allen Kontexten auf und ist nicht an spezifische Situationen gebunden.

Beispiel für „Stark ausgeprägte Symptomatik“:

Explor/ Kontext
- Es gelingt nicht, einen wechselseitigen und situationsangemessenen Kontakt zu P aufzubauen.
- P nimmt kaum Blickkontakt auf und kann auch auf einfachste Formen der Ansprache nicht adäquat reagieren.

Exploration:

Bezugsp
- *Ist P unfähig, mit anderen Menschen in einen wechselseitigen Austausch und Kontakt zu treten?*
- *Reagiert P kaum auf andere oder nimmt P kaum Blickkontakt zu anderen auf?*

Abzugrenzende Merkmale:	Scheu/unsicher	(1.2)
	Sozial zurückgezogen/isoliert	(1.3)
	Expressive Sprachstörung	(3.3)
	Rezeptive Sprachstörung	(3.4)
	Soziale Angst	(6.4)
	Interesselosigkeit/Apathie	(8.8)
	Abnorme Bindung an Objekte	(13.1)
	Abnorme Vorlieben/Interessen	(13.2)

2 Oppositionell-dissoziales Verhalten

Orientierende Exploration der Bezugsperson (des Patienten analog):

- *Hat P viel Streit oder versucht P häufig, andere zu bestimmen?*
- *Kommt es durch P wiederholt zu verbalen oder körperlichen Aggressionen?*
- *Fällt es P schwer, sich an allgemeine Regeln zu halten – z. B. wenn etwas verboten wird oder daß man andere nicht belügt oder betrügt, daß man nicht stiehlt, daß man nicht von zu Hause wegläuft oder die Schule schwänzt?*

2.1 Dominant (sF)

Wünsche, Bedürfnisse und berechtigte Anliegen des Interaktionspartners werden übergangen oder nicht in ausreichendem Maße berücksichtigt. Auch erfolglose Versuche, andere zu dominieren, gehören zu diesem Merkmal.

Beispiel für „Stark ausgeprägte Symptomatik“:

Explor/ Kontext

- P sagt anderen ständig, was sie zu tun und zu lassen haben, und geht nicht auf ihre Vorschläge ein (auch beim Spiel mit anderen Kindern).
- P läßt andere nicht zu Wort kommen oder verbietet ihnen, bestimmte Dinge zu sagen.

Exploration:

Patient

- *Möchtest Du gerne bestimmen, was andere tun und lassen sollen?*
- *Nimmst Du manchmal wenig Rücksicht auf andere?*

Bezugsp

- *Haben Sie den Eindruck, daß P immer bestimmen will, was andere tun und lassen sollen?*
- *Setzt P sich ohne Rücksicht auf andere durch?*

Abzugrenzende Merkmale:	Distanzgemindert/enthemmt	(1.6)
	Verminderte Empathie	(1.7)
	Oppositionell/verweigernd	(2.2)
	Gesteigertes Selbstwertgefühl/euphorisch	(8.11)

2.2 Oppositionell/verweigernd (sF)

Altersunangemessene Weigerung, berechtigten Forderungen und Grenzsetzungen anderer ohne den Einsatz von Drohungen, Beschimpfungen oder körperlichen Aggressionen nachzukommen.

Beispiel für „Stark ausgeprägte Symptomatik":

Explor
- P weigert sich durchgängig, Aufforderungen des Untersuchers nachzukommen.

Kontext
- P weigert sich ständig, Aufforderungen der Eltern nachzukommen (z. B. Aufräumen, Hausaufgaben machen etc.).
- P mißachtet regelmäßig Anweisungen der Lehrer (Schulregeln und Aufforderungen im Unterricht).

Exploration:

Patient
- *Widersprichst Du häufig Erwachsenen oder hältst Du dich nicht an ihre ausdrücklichen Verbote?*
- *Hältst Du Dich häufig nicht an Regeln und Grenzen?*

Bezugsp
- *Widerspricht P häufig oder handelt P häufig gegen ausdrückliche Verbote?*
- *Hält P sich häufig nicht an Regeln und Grenzen?*

Abzugrenzende Merkmale:

Dominant	. . . .	(2.1)
Verbale Aggression	. . . .	(2.3)
Reizbar/dysphorisch	. . . .	(8.2)

2.3 Verbale Aggression (sF)

Der Patient beschimpft oder bedroht andere. Seine sprachliche Ausdrucksweise ist herabwürdigend und verletzend.

Beispiel für „Stark ausgeprägte Symptomatik":

Explor
- P beschimpft oder bedroht den Untersucher.

Kontext
- Häufige und ausgeprägte Beschimpfungen und Drohungen gegenüber Gleichaltrigen oder Erwachsenen.

Exploration:

Patient
- *Beschimpfst Du oder bedrohst Du manchmal andere?*

Bezugsp
- *Beschimpft oder bedroht P andere?*

Abzugrenzende Merkmale:

Dominant	. . . .	(2.1)
Körperliche Aggression	. . . .	(2.4)
Reizbar/dysphorisch	. . . .	(8.2)

2.4 Körperliche Aggression (sF)

Der Patient schlägt, tritt, beißt andere, droht mit einer Waffe oder setzt sie ein. Er begeht Grausamkeiten gegenüber anderen Menschen oder Tieren oder fügt absichtlich anderen Schmerzen oder Verletzungen zu. Hierzu sind auch gewalttätige sexuelle Handlungen zu zählen.

Beispiel für „Stark ausgeprägte Symptomatik":

Explor/ Kontext
- Handgreifliche Auseinandersetzungen in der Untersuchungssituation.
- Häufiges Provozieren von körperlichen Auseinandersetzungen mit Gefahr von Verletzungsfolgen.

Exploration:

Patient
- *Hast Du manchmal Schlägereien mit anderen?*
- *Benutzt Du dabei etwas als Waffe (z. B. einen Stock)?*

Bezugsp
- *Gerät P manchmal in körperliche Auseinandersetzungen mit anderen?*
- *Benutzt P dabei etwas als Waffe (z. B. einen Stock)?*

Abzugrenzende Merkmale:

Dominant .... (2.1)
Verbale Aggression .... (2.3)
Reizbar/dysphorisch .... (8.2)

2.5 Lügen/Betrügen (sF)

Häufiges Lügen, Brechen von Versprechen oder Hintergehen von anderen, um materielle Vorteile und Begünstigungen zu erhalten oder um Verpflichtungen zu vermeiden.

Beispiel für „Stark ausgeprägte Symptomatik":

Explor
- P macht bewußt falsche Angaben und besteht trotz Vorhaltungen darauf.

Kontext
- P fälscht wiederholt Unterschriften unter Klassenarbeiten.
- P unterschlägt regelmäßig Hausaufgaben und behauptet den Eltern gegenüber, er habe keine Hausaufgaben gestellt bekommen.
- P lügt regelmäßig, um sich materielle Vorteile zu verschaffen.

Exploration:

Patient
- *Hintergehst Du andere manchmal oder lügst Du häufiger?*

Bezugsp
- *Hintergeht P andere manchmal oder belügt P Sie oder andere häufiger?*

Abzugrenzende Merkmale: entfällt

2.6 Stehlen (sF)

Der Patient entwendet innerhalb oder außerhalb der Familie Geld oder andere Wertgegenstände. Dabei ist ihm die Normverletzung bewußt.

Beispiel für „Stark ausgeprägte Symptomatik“:

Explor • P stiehlt in der Untersuchungssituation.

Kontext • P entwendet zu Hause regelmäßig Geldbeträge.

Exploration:

Patient
- *Hast Du schon einmal zu Hause Geld gestohlen oder in einem Laden etwas mitgenommen, ohne zu bezahlen?*

Bezugsp
- *Hat P schon einmal zu Hause oder anderswo einen Gegenstand oder Geld gestohlen?*
- *Hat es deswegen Schwierigkeiten mit der Polizei oder dem Jugendamt gegeben?*

Abzugrenzende Merkmale: entfällt.

2.7 Weglaufen/Schuleschwänzen (sF)

Wiederholtes und unerlaubtes Fernbleiben vom Elternhaus, von der Schule oder von der behandelnden Einrichtung.

Beispiel für „Stark ausgeprägte Symptomatik“:

Explor/ • Läuft tagsüber weg oder bleibt über Nacht fort.

Kontext • Schwänzt wiederholt oder über mehrere Tage die Schule.

Exploration:

Patient
- *Bist Du schon einmal von zu Hause weggelaufen?*
- *Bist Du dann auch über Nacht weggeblieben?*
- *Hast Du schon einmal für einzelne Stunden oder ganze Tage die Schule geschwänzt?*

Bezugsp
- *Ist P schon einmal von zu Hause weggelaufen?*
- *Ist P dann auch über Nacht weggeblieben, ohne daß Sie wußten wo P war?*
- *Hat P schon einmal die Schule für einzelne Stunden oder ganze Tage geschwänzt?*

Abzugrenzende Merkmale: entfällt.

2.8 Zerstören von Eigentum/Feuerlegen (sF)

Beschädigung und Zerstörung fremden Eigentums. Vandalismus, Brandstiftung mit der Absicht, ernsthaften Schaden anzurichten.

Beispiel für „Stark ausgeprägte Symptomatik":

Kontext
- P zerstört wiederholt und gezielt zu Hause Gegenstände anderer Familienmitglieder (z. B. Spielzeug, Kleider, Möbel).
- P steckt eine Telefonzelle oder eine Scheune in Brand.

Exploration:

Patient
- *Hast Du schon einmal absichtlich zu Hause oder anderswo etwas kaputt gemacht, was Dir nicht gehört?*
- *Hast Du schon einmal irgendwo Feuer gelegt?*

Bezugsp
- *Hat P schon einmal absichtlich zu Hause oder anderswo etwas zerstört, was P nicht gehört?*
- *Hat P schon einmal irgendwo Feuer gelegt?*

Abzugrenzende Merkmale: entfällt.

3 Entwicklungsstörungen

Orientierende Exploration der Bezugsperson (des Patienten analog):
- *Haben Sie bei P Anzeichen einer allgemeinen Verzögerung der Entwicklung oder Anzeichen einer Beeinträchtigung einzelner Entwicklungsbereiche beobachtet, wie z. B. der Sprache oder der Körperbeherrschung?*

3.1 Intelligenzminderung (F)

Hinweise auf eine unvollständige Entwicklung der geistigen Fähigkeiten und Beeinträchtigung von Fertigkeiten in den Bereichen von Kognition, Sprache und sozialer Anpassungsfähigkeit. Aufgrund der Intelligenzminderung ist eine Regelbeschulung nicht möglich.

Beispiel für „Stark ausgeprägte Symptomatik":

Explor/ Kontext
- Die Intelligenzminderung verursacht erhebliche Defizite bzw. Beeinträchtigungen der sozialen Anpassungsfähigkeit, so daß eine kontinuierliche Betreuung notwendig ist.

Exploration:

Patient (Keine Patientenexploration, sondern Prüfung anhand altersangemessener Fragen.)

Bezugsp
- *Ist P in seiner geistigen Entwicklung zurückgeblieben?*
- *Muß P eine spezielle Einrichtung besuchen oder kontinuierlich betreut werden?*

Abzugrenzende Merkmale:	Mangel an sozialer Gegenseitigkeit/Kommunikation	(1.8)
	Expressive Sprachstörung	(3.3)
	Rezeptive Sprachstörung	(3.4)
	Störung der Motorik	(3.6)
	Spielstörung	(3.7)
	Störung schulischer Fertigkeiten	(3.8)

3.2 Artikulationsstörung (sF)

Verzögerter oder abweichender Lauterwerb mit Artikulationsfehlern, die sich in Entstellungen, Auslassungen oder Ersetzungen von Lauten und in inkonsistenten Lautfolgen äußern. Eine Artikulationsstörung liegt nur dann vor, wenn das Ausmaß bezogen auf Alter und Intelligenz außerhalb der Norm liegt. Im Alter von vier Jahren sind Fehler bei der Lautbildung üblich, jedoch kann das Kind leicht von Fremden verstanden werden. Im Alter von sechs bis sieben Jahre werden die meisten Laute beherrscht.

Beispiel für „Stark ausgeprägte Symptomatik":

Explor/ Kontext

- Die Sprache ist so stark beeinträchtigt, daß viele Äußerungen des P von einer mit seiner Sprache nicht vertrauten Person nur mit Mühe oder gar nicht verstanden werden (ab vier Jahre).

Exploration:

Patient (Beobachtung der Spontansprache; wenn nötig Worte nachsprechen lassen.)

- *Kannst Du bestimmte Worte nicht richtig aussprechen?*

Bezugsp (Nur wenn P in der Untersuchungssituation sehr wenig spricht, so daß der Untersucher sich kein umfassendes Bild machen kann.)

- *Spricht P undeutlich oder schlecht verständlich?*
- *Kann P einzelne Laute (Buchstaben) nicht richtig aussprechen?*

Abzugrenzende Merkmale:	Mangel an sozialer Gegenseitigkeit/Kommunikation	(1.8)
	Intelligenzminderung	(3.1)
	Expressive Sprachstörung	(3.3)
	Rezeptive Sprachstörung	(3.4)
	Stottern/Poltern	(3.5)

3.3 Expressive Sprachstörung (F)

Eingeschränkter Wortschatz und Schwierigkeiten, Sätze zu bilden, die nach Länge und Komplexität der Entwicklungsstufe entsprechen (Fehler in Syntax und Grammatik). Eine Expressive Sprachstörung liegt nur dann vor, wenn das Ausmaß bezogen auf Alter und Intelligenz außerhalb der Norm liegt.

Beispiel für „Stark ausgeprägte Symptomatik":

Explor/ Kontext

- 4–6 Jahre: P spricht maximal Dreiwortsätze.
- Ab 7 Jahre: P spricht nur in sehr kurzen Hauptsätzen und macht bei komplexeren Sätzen syntaktische Fehler.

Exploration:	
Patient	(Keine Patientenexploration, sondern Beobachtung der Spontansprache, wenn nötig einzelne Sätze nachsprechen lassen).
Bezugsp	(Nur wenn P in der Untersuchungssituation sehr wenig spricht, so daß der Untersucher sich kein umfassendes Bild machen kann.) ● *Fällt es P schwer, in vollständigen und richtigen Sätzen zu sprechen?*

Abzugrenzende Merkmale:	Mangel an sozialer Gegenseitigkeit/Kommunikation	(1.8)
	Intelligenzminderung	(3.1)
	Artikulationsstörung	(3.2)
	Rezeptive Sprachstörung	(3.4)
	Stottern/Poltern	(3.5)

3.4 Rezeptive Sprachstörung (F)

Grundlegendes Merkmal ist ein Defizit im Sprachverständnis mit Auffälligkeiten im Wortschatz und in den grammatikalischen Strukturen. Eine rezeptive Sprachstörung liegt nur dann vor, wenn das Ausmaß bezogen auf Alter und Intelligenz außerhalb der Norm liegt.

Beispiel für „Stark ausgeprägte Symptomatik":

Explor/ Kontext	● Fragen oder Anweisungen werden nicht verstanden, die deutlich jüngere Kinder normalerweise verstehen können.

Exploration:	
Patient	(Bei jüngeren Kindern [3–4 J.] Prüfung des Befolgens einfacher Anweisungen [gib mir die Puppe, lege die Puppe auf den Stuhl], bei Schulkindern im Rahmen des Gespräches.) ● *Verstehst Du manchmal nicht so richtig, was andere sagen?*
Bezugsp	● *Haben Sie den Eindruck, daß P vieles von dem nicht versteht, was Sie P sagen?*

Abzugrenzende Merkmale:	Mangel an sozialer Gegenseitigkeit/Kommunikation	(1.8)
	Intelligenzminderung	(3.1)
	Artikulationsstörung	(3.2)
	Expressive Sprachstörung	(3.3)

3.5 Stottern/Poltern (sF)

Beim Stottern wird der Redefluß durch häufige Wiederholung oder Dehnung von Lauten, Silben oder Wörtern bzw. durch Zögern (klonische Komponente) und Pressen (tonische Komponente) unterbrochen.
Poltern ist gekennzeichnet durch eine hohe Sprechgeschwindigkeit mit falscher Sprechflüssigkeit. Das Sprechen ist unregelmäßig und unrhythmisch, mit schnellen, ruckartigen Anläufen.

Beispiel für „Stark ausgeprägte Symptomatik“:

Explor/ Kontext
- Der Redefluß ist bei nahezu jeder Äußerung gestört. Die Kommunikation wird dadurch erheblich beeinträchtigt.

Exploration:

Patient
- *Stotterst Du manchmal oder sprichst Du sehr hastig und schlecht verständlich?*

Bezugsp
- *Stottert P oder spricht P sehr hastig und schlecht verständlich?*

Abzugrenzende Merkmale:	Artikulationsstörung	(3.2)
	Expressive Sprachstörung	(3.3)

3.6 Störungen der Motorik (sF)

Die Leistungen bei Alltagsaktivitäten, die motorische Koordination erfordern, liegen wesentlich unter denen, die für Alter und Intelligenz zu erwarten wären. Dies kann sich durch deutliche Verzögerungen beim Erreichen wichtiger motorischer Entwicklungsetappen (z. B. Gehen, Krabbeln, Sitzen) sowie durch Fallenlassen von Gegenständen, „Unbeholfenheit“, schwachen sportlichen Leistungen und eine schlechte Handschrift zeigen.

Beispiel für „Stark ausgeprägte Symptomatik“:

Explor/ Kontext
- Deutlich unter dem Alters- und Intelligenzniveau liegende Fertigkeiten in den Bereichen von Fein- und Grobmotorik.

Exploration:

Patient
- *Bist Du beim Sport oder in Deiner Körperbeherrschung ungeschickter als andere?*

Bezugsp
- *Ist P in der Entwicklung der Körperbeherrschung zurückgeblieben?*

Abzugrenzende Merkmale:	Intelligenzminderung	(3.1)
	Verminderte körperliche Aktivität	(4.1)
	Gesteigerte körperliche Aktivität	(4.2)

3.7 Spielstörung (F)

Das Spiel entspricht hinsichtlich Kreativität, Inhalten, Intensität und Ausdauer nicht dem Alter und dem Intelligenzniveau des Kindes. Hierzu zählen stereotypes und perseverierendes Spiel, schneller Wechsel der Spielinhalte und mangelnde Ausdauer.

Beispiel für „Stark ausgeprägte Symptomatik“:

Explor/ Kontext	• Deutlich unter dem Alters- und Intelligenzniveau liegendes Spielverhalten.

Exploration:

Patient	(Keine Patientenexploration, sondern Prüfung durch Spielbeobachtung.)
Bezugsp	• *Wirkt das Spielverhalten von P auf Sie auffällig?* • *Ist das Spiel phantasiearm oder wenig ausdauernd?*

Abzugrenzende Merkmale:

Intelligenzminderung	(3.1)
Manierismen/Stereotypien	(5.3)
Verminderte körperliche Aktivität	(4.1)
Gesteigerte körperliche Aktivität	(4.2)
Depressiv/traurig	(8.1)
Reizbar/dysphorisch	(8.2)
Anhedonie	(8.3)
Interesselosigkeit/Apathie	(8.8)
Innere Unruhe/getrieben	(8.10)
Abnorme Bindung an Objekte	(13.1)
Abnorme Vorlieben/Interesse	(13.2)

3.8 Störung schulischer Fertigkeiten (sF)

Die schulischen Leistungen in den Kernfächern (Deutsch, Mathematik, Fremdsprachen bzw. im Lesen, Schreiben und Rechnen) liegen anhaltend und deutlich unter dem Niveau, das aufgrund der Altersstufe, der Schulbildung und des Intelligenzniveaus zu erwarten wäre. Eine Abgrenzung gegenüber normalen Schwankungen bei schulischen Leistungen ist notwendig.

Beispiel für „Stark ausgeprägte Symptomatik“:

Explor/ Kontext	• Die Störungen der schulischen Fertigkeiten beeinträchtigen erheblich die schulischen Leistungen oder die Aktivitäten des täglichen Lebens, bei denen Lese-, Schreib- oder Rechenfähigkeiten benötigt werden.

Exploration:

Patient	• *Hast Du Schwierigkeiten mit den Leistungen in den Hauptfächern (bzw. im Lesen, Schreiben oder Rechnen), während Du in anderen Fächern deutlich bessere Leistungen zeigst?*
Bezugsp	• *Hat P Schwierigkeiten mit den Leistungen in den Hauptfächern (bzw. im Lesen, Schreiben oder Rechnen), während er in anderen Fächern deutlich bessere Leistungen zeigt?*

Abzugrenzende Merkmale:	Intelligenzminderung	(3.1)
	Leistungsangst	(6.3)
	Interesselosigkeit/Apathie	(8.8)

4 Aktivität und Aufmerksamkeit

Orientierende Exploration der Bezugsperson (des Patienten analog):

- *Ist P in seinen Bewegungen sehr träge oder übermäßig hastig, zappelig und unruhig?*
- *Ist P leicht ablenkbar oder hat P Schwierigkeiten, sich auf ein Spiel oder die Schularbeiten zu konzentrieren?*

4.1 Verminderte körperliche Aktivität (sF)

Reduktion oder Verlangsamung der motorischen Abläufe und Aktivitäten einschließlich des Sprechens.

Beispiel für „Stark ausgeprägte Symptomatik“:

Explor/ Kontext
- P verrichtet alltägliche Handlungen sehr langsam.
- P spricht durchweg sehr langsam.

Exploration:

Patient
- *Bist Du eher langsam und bewegst Du Dich nicht so gerne?*
- *Gehst Du körperlichen Aktivitäten eher aus dem Weg?*

Bezugsp
- *Ist P bei alltäglichen Handlungen eher langsam?*
- *Geht P körperlichen Aktivitäten gerne aus dem Weg?*

Abzugrenzende Merkmale:	Sozial zurückgezogen/isoliert	(1.3)
	Intelligenzminderung	(3.1)
	Leistungsangst	(6.3)
	Mangelndes Selbstvertrauen	(8.4)
	Interesselosigkeit/Apathie	(8.8)

4.2 Gesteigerte körperliche Aktivität (sF)

Ein anhaltendes Muster exzessiver motorischer Aktivitäten, das sich durch den sozialen Kontext oder Verbote nicht durchgreifend beeinflussen läßt. Dieser dem Alter des Kindes nicht angemessene Bewegungsdrang äußert sich in feinmotorischer oder grobmotorischer Unruhe (Bewegung der Finger, Hände, Arme, Beine, ständiges Rutschen auf dem Stuhl, ständiges Aufstehen, Umherlaufen, Rennen) bis hin zu völlig zielloser und ungerichteter motorischer Aktivität. Die Symptomatik kann im Kontext verschiedener Störungen auftreten (z. B. hyperkinetische Störungen, affektive Störungen, Anorexia nervosa, geistige Behinderung, Autismus, reaktive Bindungsstörung mit Enthemmung).

Stark ausgeprägte Symptomatik:

Explor
- P steht trotz Begrenzungsversuchen in der Untersuchungssituation ständig auf, hantiert an Gegenständen.

Kontext
- P muß in der Schule ständig ermahnt werden, auf seinem Platz sitzen zu bleiben, nicht mit Gegenständen zu spielen und den Unterricht nicht massiv zu stören.
- P wechselt zu Hause ständig die Aktivitäten, so daß kaum eine konstruktive Beschäftigung zustande kommt.

Exploration:

Patient
- *Fällt es Dir schwer, ruhig sitzen zu bleiben?*
- *Mußt Du ständig in Bewegung sein?*

Bezugsp
- *Ist P sehr unruhig oder ständig in Bewegung?*

Abzugrenzende Merkmale:

	Distanzgemindert/enthemmt	(1.6)
	Dominant	(2.1)
	Oppositionell/verweigernd	(2.2)
	Impulsivität	(4.3)
	Motorische Tics	(5.1)
	Manierismen/Stereotypien	(5.3)
	Innere Unruhe/getrieben	(8.10)

4.3 Impulsivität (sF)

Ungenügend kontrollierte Abläufe von Denken und Handlungen. Diese äußern sich beispielsweise darin, daß der Patient mit Antworten herausplatzt, nicht warten kann, andere ständig unterbricht und stört oder auch exzessiv redet, ohne angemessen auf soziale Beschränkungen zu reagieren.

Beispiel für „Stark ausgeprägte Symptomatik“:

Explor
- P beantwortet fast jede Frage ohne abzuwarten, bis sie zu Ende formuliert ist, oder ohne darüber nachzudenken.

Kontext
- P beginnt fast durchgehend die Hausaufgaben, ohne zuvor die Aufgabenstellung zu durchdenken, und macht deshalb sehr viele Fehler oder muß sich ständig korrigieren.
- P kann nicht abwarten, bis er an der Reihe ist oder bis er im Unterricht aufgerufen wird.

Exploration:

Patient
- *Platzt Du in der Schule häufig mit der Antwort heraus, ohne vorher zu überlegen oder gefragt zu sein?*
- *Neigst Du zu schnellen oder unüberlegten Handlungen und Entscheidungen, die Dich in Schwierigkeiten bringen können?*

Bezugsp
- *Neigt P dazu, schnell und unüberlegt zu handeln?*
- *Führt dies z. B. zu Schwierigkeiten bei den Hausaufgaben?*
- *Kann P schlecht abwarten, bis P an der Reihe ist?*

Abzugrenzende Merkmale:	Distanzgemindert/enthemmt	(1.6)
	Dominant	(2.1)
	Gesteigerte körperliche Aktivität	(4.2)
	Unaufmerksam/ablenkbar	(4.4)
	Reizbar/dysphorisch	(8.2)
	Innere Unruhe/getrieben	(8.10)

4.4 Unaufmerksam/ablenkbar (sF)

Störungen in diesem Bereich betreffen Dauer und Ausrichtung der Aufmerksamkeit. Sie äußern sich in einer nicht altersgemäßen Ablenkbarkeit durch äußere Reize, die zur zeitweiligen Unterbrechung oder dem völligen Abbruch von Handlungen führt oder in der mangelnden Fähigkeit, sich über längere Zeit auf eine Tätigkeit oder ein Gespräch zu konzentrieren. Die Folgen sind Ermüdung und Verlangsamung oder erhöhte Fehlerraten. Aufgaben und Aktivitäten können nur schlecht organisiert und Anweisungen nicht vollständig ausgeführt werden.

Beispiel für „Stark ausgeprägte Symptomatik":

Explor
- P läßt sich während der Untersuchung von irrelevanten Reizen (Geräuschen, Gegenständen) ständig ablenken und muß immer wieder zurückgeführt werden.

Kontext
- P unterbricht permanent die Hausaufgaben, schaut aus dem Fenster oder wendet sich anderen Tätigkeiten zu.

Exploration:

Patient
- *Machst Du häufig Flüchtigkeitsfehler und läßt Dich leicht ablenken?*
- *Verlierst Du häufig Gegenstände oder vergißt Du leicht, was Dir gesagt wird?*

Bezugsp
- *Läßt sich P beim Spiel oder bei den Schularbeiten leicht ablenken – beispielsweise durch Geräusche oder durch andere Personen?*
- *Fällt es P schwer, sich zu konzentrieren?*

Abzugrenzende Merkmale:	Intelligenzminderung	(3.1)
	Gesteigerte körperliche Aktivität	(4.2)
	Impulsivität	(4.3)
	Innere Unruhe/getrieben	(8.10)
	Ideenflucht	(11.6)
	Merkfähigkeits-/Gedächtnisbeeinträchtigungen	(12.1)
	Orientierungsstörungen	(12.2)

5 Psychomotorik

Orientierende Exploration der Bezugsperson (des Patienten analog):

- *Fallen Ihnen bei P besondere Bewegungen oder plötzliche Zuckungen auf oder muß P Laute ausstoßen oder hat P andere besondere Gewohnheiten?*

5.1 Motorische Tics (sF)

Rasche, unwillkürliche, wiederholte, nichtrhythmische motorische Bewegungen, die gewöhnlich umschriebene Muskelgruppen betreffen, plötzlich einsetzen und keinem offensichtlichen Zweck dienen. Einfache motorische Tics umfassen z. B. Blinzeln, Kopfwerfen, Schulterzucken, Grimassieren.

Beispiel für „Stark ausgeprägte Symptomatik":

Explor/ Kontext
- Andauernde, hochfrequente Tics, die kaum unterdrückbar und deutlich sichtbar sind und dadurch in der Interaktion sehr stören und irritieren.

Exploration:

Patient
- *Hast Du bei Dir plötzlich auftretende Zuckungen von einzelnen Muskeln oder Körperteilen beobachtet, die Du schwer unterdrücken kannst, z. B. Augenblinzeln oder Schulterzucken?*

Bezugsp
- *Haben Sie bei P plötzlich auftretende Zuckungen einzelner Muskeln oder Körperteile beobachtet, die P offensichtlich nur schwer unterdrücken kann, z. B. Augenblinzeln oder Schulterzucken?*

Abzugrenzende Merkmale:	Gesteigerte körperliche Aktivität	(4.2)
	Impulsivität	(4.3)
	Manierismen/Stereotypien	(5.3)
	Abnorme Gewohnheiten	(5.4)
	Zwangshandlungen	(7.2)
	Innere Unruhe/getrieben	(8.10)

5.2 Vokale Tics (sF)

Unwillkürliche, wiederholte Lautäußerungen, die plötzlich einsetzen und keinem offensichtlichen Zweck dienen, z. B. Räuspern, Bellen, Schnüffeln, Zischen, aber auch Wiederholung bestimmter Wörter oder Laute (Palilalie), Gebrauch obszöner Wörter (Koprolalie).

Beispiel für „Stark ausgeprägte Symptomatik":

Explor/ Kontext
- Andauernde, hochfrequente Lautäußerungen, die kaum unterdrückbar und deutlich hörbar sind und dadurch in der Interaktion sehr stören und irritieren.

Exploration:

Patient ● *Mußt Du plötzlich Laute oder Wörter ausstoßen, die Du nicht unterdrücken kannst und die Du manchmal auch peinlich findest?*

Bezugsp ● *Muß P plötzlich, manchmal sogar mitten im Sprechen, Laute oder Wörter ausstoßen, die P offensichtlich nicht unterdrücken kann und die P manchmal auch sehr peinlich sind?*

Abzugrenzende Merkmale:	Expressive Sprachstörungen	(3.3)
	Stottern/Poltern	(3.5)
	Impulsivität	(4.3)
	Zwangshandlungen	(7.2)

5.3 Manierismen/Stereotypien (sF)

Manierismen sind Bewegungen und Handlungen, die dem Beobachter verschroben, posenhaft und verschnörkelt erscheinen und manchmal mit einer spielerischen Note ausgeführt werden.

Stereotypien sind repetitive, scheinbar getriebene und nicht funktionale motorische Verhaltensmuster, z. B. wiegende Körperbewegungen, Kopfanschlagen, Gegenstände in den Mund nehmen, sich selbst zupfen. Selbstverletzungen (Automutilationen) werden hier nicht erfaßt (siehe 13.3 Selbstverletzendes Verhalten).

Beispiel für „Stark ausgeprägte Symptomatik":

Explor/ Kontext
- Kaum unterbrechbar, häufig wiederkehrend, andere Aktivitäten behindernd: z. B. ausgeprägte Schaukelbewegungen, ständiges monotones Hin- und Herbewegen von Gegenständen.
- Bewegungsabläufe, beispielsweise im Gespräch, die auf den Beobachter ausgeprägt irritierend, bizarr oder komisch wirken.

Exploration:

Patient ● *Kommt es vor, daß Du lange Zeit hindurch immer wieder die gleichen Bewegungen machst, z. B. Schaukeln des Körpers, Drehen der Haare oder Wedeln mit den Händen?*

Bezugsp ● *Kommt es vor, daß P lange Zeit hindurch immer wieder die gleichen Bewegungen macht, z. B. Schaukeln des Körpers, Drehen der Haare oder Wedeln mit den Händen?*

Abzugrenzende Merkmale:	Motorische Tics	(5.1)
	Abnorme Gewohnheiten	(5.4)
	Zwangshandlungen	(7.2)
	Innere Unruhe/getrieben	(8.10)
	Abnorme Bindung an Objekte	(13.1)
	Selbstverletzendes Verhalten	(13.3)

5.4 Abnorme Gewohnheiten (sF)

Wiederholte ungenügend kontrollierte Handlungen, die spannungsreduzierende oder lustvolle Funktion haben, wie z. B. Nägelbeißen oder Daumenlutschen.

Beispiel für „Stark ausgeprägte Symptomatik":

Explor/ Kontext
- Häufig wiederkehrend und andere Aktivitäten behindernd, mit behandlungsbedürftigen körperlichen Folgeschäden (z. B. Hautentzündungen, Fehlstellungen des Kiefers).

Exploration:

Patient
- *Beißt Du häufig an den Fingernägeln?*
- *Lutscht Du gerne am Daumen oder hast Du andere Gewohnheiten dieser Art?*

Bezugsp
- *Beißt P häufig an den Fingernägeln?*
- *Lutscht P gerne am Daumen oder hat P andere Gewohnheiten dieser Art?*

Abzugrenzende Merkmale:		
	Motorische Tics	(5.1)
	Manierismen/Stereotypien	(5.3)
	Zwangshandlungen	(7.2)
	Abnorme Bindung an Objekte	(13.1)
	Selbstverletzendes Verhalten	(13.3)

6 Angst

Orientierende Exploration der Bezugsperson (des Patienten analog):
- *Hat P vor bestimmten Dingen Angst oder ist P ganz allgemein ängstlich?*

6.1 Trennungsangst (Sf)

Unrealistische Angst, daß der Hauptbezugsperson etwas zustoßen oder daß sie weggehen und nicht wiederkommen könne oder daß durch unglückliche Ereignisse (Verlorengehen/Kidnapping etc.) eine dauernde Trennung von der Hauptbezugsperson erfolgen könne. Die Angst vor Trennung behindert den Kindergarten- oder Schulbesuch oder macht das Schlafen alleine unmöglich.

Beispiel für „Stark ausgeprägte Symptomatik":

Explor
- Läßt sich auch nach mehreren behutsamen Versuchen nicht von der Begleitperson trennen (gilt etwa ab 5 Jahren).

Kontext
- P äußert häufig Angst und Besorgnis, daß der Bezugsperson etwas zustoßen könne, dauerndes Rückversichern, daß die Bezugsperson auch wiederkomme.
- P verweigert Kindergarten-/Schulbesuch.
- P kann aus Angst nicht mehr alleine schlafen.

Exploration:	
Patient	• *Hast Du Angst, daß Deiner Mutter oder Deinem Vater etwas zustoßen könnte und Du dann alleine wärst?*
	• *Kannst Du deswegen nicht zur Schule gehen?*
Bezugsp	• *Kann P aus Angst, allein zu sein, nicht getrennt von Ihnen schlafen?*
	• *Kann P sich von Ihnen auch für eine kurze Zeit nicht trennen?*

Abzugrenzende Merkmale:

- Scheu/unsicher .... (1.2)
- Sozial zurückgezogen/isoliert .... (1.3)
- Umschriebene Phobie .... (6.2)
- Leistungsangst .... (6.3)
- Soziale Angst .... (6.4)
- Generalisierte Angst .... (6.7)
- Mangelndes Selbstvertrauen .... (8.4)
- Hypochondrie .... (10.11)

6.2 Umschriebene Phobie (Sf)

Ausgeprägte, anhaltende und unbegründete Angst vor spezifischen Objekten oder Situationen mit Vermeidungsverhalten, wie z. B. Tiere, Dunkelheit, Donner, geschlossene Räume, Anblick von Verletzungen, Injektionen, Arzt- und Krankenhausbesuche. Ausgeschlossen sind Leistungsangst (6.3), soziale Angst (6.4) und Agoraphobie (6.5).

Beispiel für „Stark ausgeprägte Symptomatik":

Explor/ Kontext
- Auslösende Objekte oder Situationen werden gemieden oder nur unter ausgeprägter Angst ertragen.

Exploration:	
Patient	• *Hast Du Angst vor Tieren, Dunkelheit, Gewitter, Verletzungen, Arztbesuchen oder anderen Dingen?*
	• *Gehst Du diesen Situationen oder Dingen lieber aus dem Weg?*
Bezugsp	• *Hat P Angst vor Tieren, Dunkelheit, Gewitter, Verletzungen, Arztbesuchen oder anderen Dingen?*
	• *Geht P diesen Situationen oder Dingen lieber aus dem Weg?*

Abzugrenzende Merkmale:

- Scheu/unsicher .... (1.2)
- Sozial zurückgezogen/isoliert .... (1.3)
- Trennungsangst .... (6.1)
- Leistungsangst .... (6.3)
- Soziale Angst .... (6.4)
- Generalisierte Angst .... (6.7)
- Mangelndes Selbstvertrauen .... (8.4)

6.3 *Leistungsangst (Sf)*

Angst vor Versagen in Leistungssituationen (z. B. bei Prüfungen, Klassenarbeiten, Beteiligung am Unterricht, beim Sport) mit Tendenz zur Vermeidung der entsprechenden Situationen.

Beispiel für „Stark ausgeprägte Symptomatik“:

Explor
- P verhält sich während der gesamten Untersuchung so ängstlich, daß er nur mit Mühe Anweisungen umsetzen kann.

Kontext
- P kann die Schule aus Angst vor den zu erbringenden Leistungen (z. B. vor Klassenarbeiten) nicht besuchen.

Exploration:

Patient
- *Hast Du Angst, in der Schule aufgerufen zu werden und falsche Antworten zu geben oder eine Klassenarbeit mitzuschreiben?*

Bezugsp
- *Haben Sie den Eindruck, daß P Angst vor Leistungsanforderungen, z. B. Klassenarbeiten hat?*

Abzugrenzende Merkmale:

Scheu/unsicher	(1.2)
Sozial zurückgezogen/isoliert	(1.3)
Störung schulischer Fertigkeiten	(3.8)
Trennungsangst	(6.1)
Umschriebene Phobie	(6.2)
Soziale Angst	(6.4)
Generalisierte Angst	(6.7)
Mangelndes Selbstvertrauen	(8.4)

6.4 *Soziale Angst (Sf)*

Ausgeprägte und anhaltende Angst vor einer oder mehreren sozialen Situationen, in denen der Patient mit Erwachsenen oder Gleichaltrigen konfrontiert ist oder von ihnen beurteilt werden könnte. Der Patient befürchtet, ein Verhalten zu zeigen, das demütigend oder peinlich ist. Soziale Angst zeigt sich z. B. beim Sprechen in der Öffentlichkeit, vor der Klasse oder im Kontakt mit dem anderen Geschlecht.

Beispiel für „Stark ausgeprägte Symptomatik“:

Explor
- P kann kaum Kontakt zum Untersucher aufnehmen und zeigt ausgeprägte Symptome von Angst.

Kontext
- P vermeidet bestimmte soziale Situationen durchweg, z. B. Kontakte zu Gleichaltrigen, Einkaufen, Sprechen vor der Klasse.

Exploration:

Patient
- *Hast Du Angst vor anderen Kindern oder Erwachsenen?*
- *Hast Du Angst, vor der Klasse zu sprechen oder einzukaufen oder Dich einer Gruppe anzuschließen (z. B. Verein)?*

Bezugsp	• *Hat P Angst vor anderen Kindern oder Erwachsenen?* • *Hat P Angst, vor der Klasse zu sprechen oder einzukaufen oder sich einer Gruppe anzuschließen (z. B. Verein)?*

Abzugrenzende Merkmale:

Scheu/unsicher	....	(1.2)
Sozial zurückgezogen/isoliert	....	(1.3)
Trennungsangst	....	(6.1)
Umschriebene Phobie	....	(6.2)
Leistungsangst	....	(6.3)
Agoraphobie	....	(6.5)
Generalisierte Angst	....	(6.7)
Mangelndes Selbstvertrauen	....	(8.4)
Interesselosigkeit/Apathie	....	(8.8)

6.5 Agoraphobie (Sf)

Ausgeprägte und anhaltende Angst, das eigene Haus zu verlassen, Geschäfte zu betreten, sich in eine Menschenmenge oder auf öffentliche Plätze zu begeben oder alleine in Verkehrsmitteln zu reisen. Diese Angst ist besonders einschränkend und durch die Befürchtung gekennzeichnet, sich nicht sofort und leicht an einen sicheren Platz zurückziehen zu können. Es besteht z. B. die Angst vor plötzlich auftretenden körperlichen Symptomen, wie Schwindel, Durchfall oder Erbrechen. Sie führt zur Vermeidung von bestimmten Situationen, z. B. zur Schule oder zur Arbeit zu fahren oder einzukaufen.

Beispiel für „Stark ausgeprägte Symptomatik“:

Explor/ Kontext	• P vermeidet bestimmte Situationen, wie die Benutzung öffentlicher Verkehrsmittel vollkommen oder geht nicht mehr aus dem Haus, weil P freie Plätze nicht mehr alleine überqueren kann oder Menschenansammlungen fürchtet.

Exploration:

Patient	• *Hast Du manchmal Angst, aus dem Haus zu gehen oder den Bus zu benutzen oder in die Stadt zu gehen?* • *Hast Du die Sorge, daß Dir in diesen Situationen schlecht werden könnte?*
Bezugsp	• *Hat P manchmal Angst, aus dem Haus zu gehen oder den Bus zu benutzen oder in die Stadt zu gehen?* • *Haben Sie den Eindruck, daß P Angst hat, daß es P in diesen Situationen schlecht werden könnte?*

Abzugrenzende Merkmale:

Scheu/unsicher	....	(1.2)
Sozial zurückgezogen/isoliert	....	(1.3)
Trennungsangst	....	(6.1)
Umschriebene Phobie	....	(6.2)
Soziale Angst	....	(6.4)
Generalisierte Angst	....	(6.7)
Mangelndes Selbstvertrauen	....	(8.4)

Interesselosigkeit/Apathie	(8.8)
Hypochondrie	(10.11)
Wahn	(11.13)

6.6 Panikattacken (Sf)

Wiederkehrende schwere Angstattacken, die sich nicht auf eine spezifische Situation oder besondere Auslöser beschränken und auch nicht vorhersehbar sind. Plötzlicher Beginn mit Schweißausbrüchen, Herzklopfen, Brustschmerz, Erstickungsgefühlen, Schwindel, Zittern oder Entfremdungsgefühlen. Häufig besteht die Furcht zu sterben, vor Kontrollverlust oder verrückt zu werden. Die einzelnen Anfälle erreichen innerhalb weniger Minuten ein Maximum und dauern mindestens einige Minuten. Die Panikattacke führt meist zu einem fluchtartigen Verlassen des Ortes und zur ständigen Furcht vor neuen Attacken (Erwartungsangst).

Beispiel für „Stark ausgeprägte Symptomatik":

Explor/Kontext
- Häufiges Auftreten der Panikattacken mit erheblicher Einschränkung in schulischen oder sozialen Funktionsbereichen (z. B. kein Schulbesuch).

Exploration:

Patient
- *Hast Du plötzlich und unerwartet panische Angst, verbunden mit Schweißausbrüchen, Erstickungsgefühlen, Herzrasen oder Todesangst?*
- *Hast Du Angst, solche Anfälle wieder zu bekommen und vermeidest Du deswegen bestimmte Situationen?*

Bezugsp
- *Hat P plötzlich und unerwartet panische Angst, verbunden mit Schweißausbrüchen, Erstickungsgefühlen, Herzrasen oder Todesangst?*
- *Hat P Angst, solche Anfälle wieder zu bekommen und vermeidet P deswegen bestimmte Situationen?*

Abzugrenzende Merkmale:		
	Sozial zurückgezogen/isoliert	(1.3)
	Trennungsangst	(6.1)
	Umschriebene Phobie	(6.2)
	Agoraphobie	(6.5)
	Generalisierte Angst	(6.7)
	Mangelndes Selbstvertrauen	(8.4)
	Hypochondrie	(10.11)
	Derealisation/Depersonalisation	(11.10)

6.7 Generalisierte Angst (Sf)

Eine über einen längeren Zeitraum vorherrschende, frei flottierende, d. h. nicht auf wenige Situationen oder Objekte beschränkte Angst, über welche die Person kaum Kontrolle hat. Einzelsymptome sind Befürchtungen, wie z. B. Sorgen über zukünftiges Unglück, motorische Spannung (z. B. körperliche Unruhe oder Spannungskopfschmerz) und vegetative Übererregbarkeit (z. B. Schwitzen, Bauchbeschwerden, Schwindelgefühle) oder Schlafstörungen. Die Sorge oder Ängstlichkeit betrifft alltägliche Ereignisse und Aktivitäten (z. B. schulische Verpflichtungen, eigene Kompetenzen und Leistungen, Gesundheit von Familienmitgliedern, Aufgaben in der Familie) oder Sorgen über Katastrophen. Die Ängste oder körperlichen Symptome verursachen Beeinträchtigungen in wichtigen Lebens- und Funktionsbereichen. Generalisierte Ängste treten isoliert, aber auch z. B. im Rahmen von Psychosen auf.

Beispiel für „Stark ausgeprägte Symptomatik“:

Explor/ Kontext

- Die Symptomatik betrifft verschiedene Lebensbereiche und führt zu einer erheblichen Einschränkung in schulischen oder sozialen Funktionsbereichen (z. B. kein Schulbesuch).

Exploration:

Patient

- *Machst Du Dir über verschiedene Dinge Sorgen, z. B. über Dinge, die auf Dich zukommen, oder daß Du in der Schule nicht mitkommst, daß Deine Eltern erkranken könnten, daß Dir etwas Schlimmes passieren könnte?*
- *Gehen Dir diese Ängste überhaupt nicht mehr aus dem Kopf?*

Bezugsp

- *Erzählt P, vor vielen Dingen Angst und Sorgen zu haben, z. B. vor Dingen, die auf P zukommen, in der Schule nicht mitzukommen, daß die Eltern oder Geschwister erkranken könnten, daß etwas Schlimmes passieren könnte?*
- *Haben Sie den Eindruck, daß P fast immer mit verschiedenen Ängsten und Sorgen beschäftigt ist?*

Abzugrenzende Merkmale:

Scheu/unsicher	(1.2)
Sozial zurückgezogen/isoliert	(1.3)
Trennungsangst	(6.1)
Umschriebene Phobie	(6.2)
Leistungsangst	(6.3)
Soziale Angst	(6.4)
Panikattacken	(6.6)
Zwangsgedanken	(7.1)
Depressiv/traurig	(8.1)
Mangelndes Selbstvertrauen	(8.4)
Hypochondrie	(10.11)

7 Zwang

Orientierende Exploration der Bezugsperson (des Patienten analog):
- *Haben Sie den Eindruck, daß P immer wieder bestimmte Gedanken durch den Kopf gehen oder daß P bestimmte Dinge ständig wiederholen muß, ohne sich davon lösen zu können?*

7.1 Zwangsgedanken (Sf)

Wiederkehrende und anhaltende Gedanken, Ideen, Impulse oder Vorstellungen, die den normalen Denkablauf hemmen und beeinträchtigen und sich dem Patienten imperativ aufdrängen, ohne daß er sich davon befreien kann. Diese Gedanken können ausgeprägte Angst oder großes Unbehagen hervorrufen und werden in der Regel als widersinnig, aber nicht als fremd empfunden.

Beispiel für „Stark ausgeprägte Symptomatik":

Explor/ Kontext
- Häufiges, weitgehend situationsunabhängiges Auftreten von Zwangsgedanken, wodurch die Konzentrations- und Leistungsfähigkeit und damit wichtige Lebensbereiche, z. B. Schule oder Alltagssituationen deutlich beeinträchtigt werden.

Exploration:

Patient
- *Gehen Dir immer wieder bestimmte Gedanken durch den Kopf, von denen Du Dich kaum lösen kannst, so daß Du andere Dinge gar nicht mehr tun kannst (z. B. daß Du von Keimen angesteckt wirst oder daß etwas Schlimmes passiert)?*

Bezugsp
- *Ist Ihnen aufgefallen, daß P sich immer wieder mit bestimmten Gedanken beschäftigt, von denen P sich kaum lösen kann, so daß P andere Dinge gar nicht mehr tun kann (z. B. daß P von Keimen angesteckt wird oder daß etwas Schlimmes passiert)?*

Abzugrenzende Merkmale:

Zwangshandlungen .... (7.2)
Schuldgefühle/Selbstanklage .... (8.6)
Eingeengt .... (11.3)
Perseverationen .... (11.4)
Grübeln .... (11.5)
Wahn .... (11.13)

7.2 Zwangshandlungen (SF)

Wiederholte Verhaltensweisen, wie z. B. Händewaschen, Ordnen, Kontrollieren, oder gedankliche Handlungen, wie z. B. Beten, Zählen, Wörter leise wiederholen, zu denen der Patient sich gezwungen fühlt und deren Ausführung angst- oder spannungsreduzierend ist. Die Handlungen werden dauernd wiederholt, als unangenehm empfunden und als übertrieben und unsinnig erkannt.

Beispiel für „Stark ausgeprägte Symptomatik“:

Explor/ Kontext
- Die Zwangshandlungen verursachen eine erhebliche Belastung, sind zeitaufwendig und beeinträchtigen die normale Tagesroutine, die schulische oder die soziale Funktionsfähigkeit deutlich.

Exploration:

Patient
- *Mußt Du bestimmte Handlungen ständig wiederholen, obwohl sie eigentlich unsinnig sind, z. B. die Hände waschen oder etwas kontrollieren?*

Bezugsp
- *Muß P bestimmte Handlungen ständig wiederholen, obwohl sie eigentlich unsinnig sind, z. B. die Hände waschen oder etwas kontrollieren?*

Abzugrenzende Merkmale:		
	Motorische Tics	(5.1)
	Manierismen/Stereotypien	(5.3)
	Abnorme Gewohnheiten	(5.4)
	Zwangsgedanken	(7.1)

8 Stimmung und Affekt

Orientierende Exploration der Bezugsperson (des Patienten analog):

- *Hat P manchmal eine ausgeprägte Hochstimmung oder eine verstärkte innere Unruhe und Gereiztheit?*
- *Haben Sie den Eindruck, daß P eher traurig ist oder daß P wenig Selbstvertrauen hat?*

8.1 Depressiv/traurig (Sf)

Beschreibt einen weiten Bereich von Gefühlen: Traurigkeit, Niedergeschlagenheit, Schwermut, innere Leere, Verzagtheit, Hilflosigkeit und innere Qual. Der psychomotorische Ausdruck kann von Weinen, sichtbarer Niedergeschlagenheit und Trauer bis zu Verlangsamung, Unbewegtheit und „Versteinerung“ der Mimik und Bewegungen reichen. Bei Kindern ist depressive Verstimmung häufig schwer direkt explorierbar und muß dann stärker auch aus dem Verhalten erschlossen werden.

Beispiel für „Stark ausgeprägte Symptomatik“:

Explor
- P wirkt während der gesamten Explorationssituation sehr traurig und niedergeschlagen.

Kontext
- P fühlt sich durchgängig sehr niedergeschlagen und deprimiert und kann deshalb Schule und Hausaufgaben oder andere wichtige Funktionen kaum noch angemessen bewältigen.

Exploration:		
Patient	•	*Fühlst Du Dich traurig und niedergeschlagen und mußt häufig weinen?*
Bezugsp	•	*Muß P häufig weinen oder wirkt P traurig und niedergeschlagen?*

Abzugrenzende Merkmale:	Scheu/unsicher	(1.2)
	Sozial zurückgezogen/isoliert	(1.3)
	Verminderte körperliche Aktivität	(4.1)
	Generalisierte Angst	(6.7)
	Reizbar/dysphorisch	(8.2)
	Hoffnungslosigkeit/Verzweiflung	(8.5)
	Affektarm	(8.7)
	Interesselosigkeit/Apathie	(8.8)
	Affektlabil	(8.9)

8.2 Reizbar/dysphorisch (sF)

Mißmutige, unausgeglichene Verstimmtheit. Der Patient wirkt mürrisch, gereizt, ablehnend und angespannt. Es ist eine Bereitschaft zu aggressiv getönten, affektiven Ausbrüchen zu spüren.

Beispiel für „Stark ausgeprägte Symptomatik":

Explor/ Kontext • P zeigt unabhängig von der Situation und dem Gesprächsthema eine sehr gereizte und mißmutige Stimmung, die sich durch die Interaktionspartner nicht oder kaum beeinflussen läßt. Es kommt zu häufigen affektiven Durchbrüchen.

Exploration:		
Patient	•	*Bist Du oft mißmutig oder unausgeglichen oder fährst Du schnell aus der Haut?*
Bezugsp	•	*Ist P oft gereizt, mißmutig oder unausgeglichen oder gerät P schnell aus dem Gleichgewicht?*

Abzugrenzende Merkmale:	Distanzgemindert/enthemmt	(1.6)
	Oppositionell/verweigernd	(2.2)
	Verbale Aggression	(2.3)
	Impulsivität	(4.3)
	Depressiv/traurig	(8.1)
	Affektlabil	(8.9)
	Innere Unruhe/getrieben	(8.10)
	Sensitiv/mißtrauisch	(11.9)

8.3 Anhedonie (Sf)

Unfähigkeit, normalerweise angenehme Aktivitäten zu genießen oder sich auf zukünftige, angenehme Dinge zu freuen. Anhedonie muß nicht notwendigerweise mit Interesselosigkeit und Apathie (8.8) einhergehen.

Beispiel für „Stark ausgeprägte Symptomatik“:

Explor/ Kontext
- Vollständiger Verlust der Fähigkeit, positive eigene Lebensumstände und Aktivitäten zu genießen.

Exploration:

Patient
- *Hast Du kaum Freude an Dingen, die den meisten anderen oder die Dir früher Spaß gemacht haben?*

Bezugsp
- *Wirkt P freud- und lustlos bei Dingen, die den meisten anderen Gleichaltrigen Spaß machen oder die P früher Spaß gemacht haben?*

Abzugrenzende Merkmale:

Sozial zurückgezogen/isoliert	....	(1.3)
Verminderte körperliche Aktivität	....	(4.1)
Generalisierte Angst	....	(6.7)
Affektarm	....	(8.7)
Interesselosigkeit/Apathie	....	(8.8)

8.4 Mangelndes Selbstvertrauen (Sf)

Das Gefühl, unfähig, untüchtig, ungeschickt, unattraktiv und nichts wert zu sein. Verlust des Vertrauens in die eigene Person und die eigenen Fähigkeiten bis hin zum ausgeprägten Selbstwertverlust. Kinder thematisieren mangelndes Selbstvertrauen selten direkt, sondern eher in der Erwartung, Anforderungen nicht bewältigen zu können, obwohl sie objektiv die Kompetenz dafür besitzen.

Beispiel für „Stark ausgeprägte Symptomatik“:

Explor/ Kontext
- Insuffizienzgefühle oder mangelndes Selbstvertrauen werden deutlich und durchgängig im Gespräch zum Ausdruck gebracht. P glaubt, auch einfache Anforderungen in Schule und Alltag nicht bewältigen zu können, obwohl die Kompetenz dafür vorhanden ist.

Exploration:

Patient
- *Hast Du das Gefühl, nichts wert zu sein, nichts zu können oder bei anderen nicht gut anzukommen?*
- *Fühlst Du Dich weniger wert als andere?*

Bezugsp
- *Traut P sich nichts zu oder glaubt P, bei anderen nicht gut anzukommen?*
- *Hat P ausgeprägte Selbstwertprobleme?*

Abzugrenzende Merkmale:

Scheu/unsicher	....	(1.2)
Sozial zurückgezogen/isoliert	....	(1.3)

Generalisierte Angst	(6.7)
Hoffnungslosigkeit/Verzweiflung	(8.5)

8.5 Hoffnungslosigkeit/Verzweiflung (Sf)

Pessimistische Grundstimmung und fehlende Zukunftsorientierung. Der Patient leidet unter einer als auswegs- und perspektivlos erlebten Situation. Er erlebt sich wie gelähmt hinsichtlich seiner Handlungsfähigkeit.

Beispiel für „Stark ausgeprägte Symptomatik":

Explor/ Kontext
- Der Patient erlebt unabhängig von den tatsächlichen Umständen seine Zukunft als düster und trostlos und glaubt, daran nichts ändern zu können.

Exploration:

Patient
- *Erlebst Du Deine Situation als ausweglos und verzweifelt?*
- *Weißt Du überhaupt nicht, wie es weitergehen soll?*

Bezugsp
- *Haben Sie den Eindruck, daß P seine Situation als ausweglos und verzweifelt erlebt?*
- *Haben Sie den Eindruck, daß P nicht mehr weiß, wie es weitergehen soll?*

Abzugrenzende Merkmale:	Generalisierte Angst	(6.7)
	Depressiv/traurig	(8.1)
	Mangelndes Selbstvertrauen	(8.4)
	Interesselosigkeit/Apathie	(8.8)

8.6 Schuldgefühle/Selbstanklage (Sf)

Der Patient fühlt sich in unverhältnismäßiger Weise an einer Tat, für Gedanken oder Wünsche schuldig, die seiner Meinung nach verwerflich sind. Er macht sich wegen Kleinigkeiten oder geringen Fehlern ausgeprägte Vorwürfe.

Beispiel für „Stark ausgeprägte Symptomatik":

Explor/ Kontext
- Alltägliche Mißgeschicke und Pannen werden von P als eigenes schuldhaftes Versagen erlebt.

Exploration:

Patient
- *Hast Du Schuldgefühle oder machst Du Dir selbst Vorwürfe, beispielsweise weil jemand Deinetwegen zu Schaden gekommen ist?*

Bezugsp
- *Leidet P unter nicht gerechtfertigten Schuldgefühlen oder macht P sich übermäßige Vorwürfe wegen seiner eigenen Handlungen?*

Abzugrenzende Merkmale:	Zwangsgedanken	(7.1)
	Depressiv/traurig	(8.1)
	Mangelndes Selbstvertrauen	(8.4)
	Hoffnungslosigkeit/Verzweiflung	(8.5)

	Eingeengt	(11.3)
	Grübeln	(11.5)
	Wahn	(11.13)

8.7 Affektarm (sF)

Die Anzahl bzw. das Spektrum und die Intensität gezeigter Gefühle ist vermindert. Gesicht und Stimme des Patienten sind ausdruckslos. Es besteht eine geringe Affekt- und Gefühlsansprechbarkeit (Gefühlsarmut, emotionale Indifferenz, Gleichgültigkeit, Affektverflachung). Affektarmut kann mit oder ohne subjektiven Leidensdruck auftreten.

Beispiel für „Stark ausgeprägte Symptomatik":

Explor
- P schildert selbst, daß er sich als völlig gefühllos empfindet, und dieser Eindruck stimmt mit der Einschätzung des Untersuchers überein.

Kontext
- P zeigt kaum oder gar keine gefühlsmäßige Reaktion, vor allem in Situationen, in denen eine Gefühlsäußerung zu erwarten wäre.

Exploration:

Patient
- *Rufen traurige oder fröhliche Ereignisse in Dir fast keine Gefühle hervor?*

Bezugsp
- *Zeigt P bei freudigen oder traurigen Anlässen wenig bis keine Gefühle?*

Abzugrenzende Merkmale:	Verminderte Empathie	(1.7)
	Mangel an sozialer Gegenseitigkeit/Kommunikation	(1.8)
	Depressiv/traurig	(8.1)
	Anhedonie	(8.3)
	Interesselosigkeit/Apathie	(8.8)

8.8 Interesselosigkeit/Apathie (SF)

Mangel oder Verlust von alterstypischen Aktivitäten und Interessen oder fehlende Ansprechbarkeit für neue altersgemäße Aktivitäten und Interessen. Defizit an Energie, Tatkraft und der Fähigkeit, grundlegenden Alltagsanforderungen gerecht zu werden. Bei ausgeprägter Interesselosigkeit/Apathie liegt in der Regel auch eine Anhedonie vor (8.3).

Beispiel für „Stark ausgeprägte Symptomatik":

Explor/ Kontext
- Der Patient ist weitgehend passiv, entwickelt keinerlei eigene Interessen und zeigt keine Eigeninitiative. Er kann aufgrund seiner Interesselosigkeit und Apathie die alltäglichen Anforderungen (z. B. zur Schule gehen oder Hausaufgaben machen) nicht erfüllen.

Exploration:		
Patient	•	*Fühlst Du Dich schwunglos und ohne Kraft und Energie?*
	•	*Hast Du an nichts mehr Interesse?*
	•	*Fällt es Dir schwer, einfache Aufgaben zu erledigen?*
Bezugsp	•	*Fühlt P sich schwunglos und ohne Kraft und Energie?*
	•	*Hat P an nichts mehr Interesse?*
	•	*Fällt es P schwer, auch einfache Aufgaben zu erledigen?*

Abzugrenzende Merkmale:	Verminderte körperliche Aktivität	(4.1)
	Depressiv/traurig	(8.1)
	Anhedonie	(8.3)
	Mangelndes Selbstvertrauen	(8.4)
	Hoffnungslosigkeit/Verzweiflung	(8.5)

8.9 Affektlabil (sF)

Schneller, für das Alter unangemessener Stimmungswechsel, der auf einen Anstoß von außen oder spontan erfolgt. Die beobachteten Affekte haben meist eine sehr kurze Dauer, können vielfachen Schwankungen unterliegen bzw. in ihrer Richtung wechseln.

Beispiel für „Stark ausgeprägte Symptomatik":

Explor/ Kontext	•	Große Teile des Untersuchungsgespräches oder des Alltages werden durch die Affektlabilität bestimmt.

Exploration:		
Patient	•	*Verändert sich Deine Stimmung häufig von einer Minute zur anderen und schwankt dabei z. B. zwischen Lachen und Weinen?*
Bezugsp	•	*Verändert sich die Stimmung von P häufig von einer Minute zur anderen und schwankt dabei z. B. zwischen Lachen und Weinen?*

Abzugrenzende Merkmale:	Demonstrativ	(1.5)
	Verminderte Empathie	(1.7)

8.10 Innere Unruhe/getrieben (Sf)

Innere Spannung, Aufgeregtheit oder Nervosität. Der Patient klagt darüber, sich aufgewühlt oder innerlich getrieben zu fühlen. Äußere motorische Unruhe darf nicht als Ausdruck der inneren Befindlichkeit interpretiert werden. Innere Unruhe muß ausdrücklich exploriert werden.

Beispiel für „Stark ausgeprägte Symptomatik":

Explor/ Kontext	•	Der Patient berichtet, seine innere Unruhe sei so ausgeprägt, daß sowohl Konzentration als auch übliche Tätigkeiten beeinträchtigt seien und er unter diesen Symptomen leide.

Exploration:	
Patient	• *Fühlst Du Dich innerlich angespannt, aufgewühlt oder wie unter einem inneren Druck?*
Bezugsp	• *Wirkt P häufig so, als ob P innerlich angespannt und aufgewühlt sei oder wie unter einem inneren Druck stehe?*

Abzugrenzende Merkmale:	Gesteigerte körperliche Aktivität	(4.2)
	Impulsivität	(4.3)
	Reizbar/dysphorisch	(8.2)

8.11 Gesteigertes Selbstwertgefühl/euphorisch (sF)

Ein gesteigertes Selbstwertgefühl äußert sich in einer positiv erlebten Zunahme der eigenen Kraft und Bedeutung der Person oder der eigenen Fähigkeiten. Der Patient fühlt sich in unangemessener Weise besonders leistungsfähig, traut sich viel zu oder hält sich für besonders begabt. Beurteilt wird das Ausmaß der geäußerten Selbstzuschreibungen im Hinblick auf die realen Möglichkeiten des Patienten und die durch die gehobene Stimmung bedingte Selbstüberschätzung.

Euphorie beschreibt einen Zustand des gesteigerten Wohlbefindens und Behagens, der Heiterkeit und der über die Maßen guten Stimmung, der vom Umfeld des Patienten nicht mehr nachvollziehbar ist und oft auch zu unangemessenen Handlungen führt, wobei die Handlungskonsequenzen nicht mehr adäquat abgeschätzt werden können.

Beispiel für „Stark ausgeprägte Symptomatik“:

Explor/ Kontext

- Der Patient überschätzt seine Möglichkeiten, mit vorliegenden Problemen oder Aufgaben zurechtzukommen, beträchtlich. Hinweise auf mögliche Schwierigkeiten oder Einschränkungen werden nicht angemessen wahrgenommen.
- Anhaltende situationsunangemessene Hochstimmung mit fehlender Selbstkritik und Handlungskontrolle.

Exploration:	
Patient	• *Fühlst Du Dich besonders leistungsfähig und gelingt Dir einfach alles?* • *Traust Du Dir praktisch alles zu?* • *Bist Du manchmal in Hochstimmung und kann Dich nichts erschüttern?*
Bezugsp	• *Haben Sie den Eindruck, daß P sich besonders leistungsfähig fühlt und meint, daß ihm einfach alles gelingt?* • *Traut P sich praktisch alles zu und kennt dabei keine Grenzen?* • *Ist P manchmal in Hochstimmung und besteht der Eindruck, daß P durch nichts zu erschüttern ist?*

Abzugrenzende Merkmale:	Demonstrativ	(1.5)
	Dominant	(2.1)
	Oppositionell/verweigernd	(2.2)
	Gesteigerte körperliche Aktivität	(4.2)
	Impulsivität	(4.3)

Ideenflucht	(11.6)
Wahn	(11.13)

9 Eßverhalten

Orientierende Exploration der Bezugsperson (des Patienten analog):

- *Hat P Probleme mit dem Essen?*
- *Hat P ein auffälliges Eßverhalten?*

9.1 Selbst herbeigeführter Gewichtsverlust (SF)

Deutliche Reduktion des Körpergewichtes durch verminderte Nahrungsaufnahme, selbst herbeigeführtes Erbrechen oder Abführen, übertriebene körperliche Aktivitäten oder Gebrauch von Appetitzüglern bzw. Diuretika ohne medizinische Indikation. Das Symptom kann im Rahmen verschiedener Störungen beobachtet werden (z. B. Eßstörungen, affektive Störungen, Zwangsstörungen, dissoziative Störungen, schizophrene Psychosen).

Beispiel für „Stark ausgeprägte Symptomatik":

Kontext
- Der Gewichtsverlust ist so ausgeprägt, daß eine klinische Behandlungsnotwendigkeit besteht.

Exploration:

Patient
- *Hast Du absichtlich an Gewicht abgenommen?*
- *Wie hast Du das gemacht?*

Bezugsp
- *Hat P absichtlich Gewicht verloren?*
- *Wie hat P das gemacht?*

Abzugrenzende Merkmale:	Gesteigerte körperliche Aktivität	(4.2)
	Verminderte/auffällig kontrollierte Nahrungsaufnahme	(9.2)
	Appetitverlust	(10.1)
	Erbrechen	(10.2)

9.2 Verminderte/auffällig kontrollierte Nahrungsaufnahme (SF)

Reduktion der Nahrungsaufnahme oder Durchführung einer Restriktionsdiät ohne medizinische Indikation, die zu einer deutlichen Gewichtsreduktion führt. Ritualisiertes oder wählerisches Eßverhalten mit Ablehnung einzelner Speisen oder mit Beschränkung auf sehr wenige Nahrungsmittel. Das Symptom kann im Rahmen verschiedener Störungen beobachtet werden (z. B. Fütterstörungen im Säuglings- oder Kleinkindalter, Eßstörungen, affektive Störungen, Zwangsstörungen, dissoziative Störungen, schizophrene Psychosen).

Beispiel für „Stark ausgeprägte Symptomatik":

Kontext
- Die Störung der Nahrungsaufnahme ist so stark ausgeprägt, daß eine klinische Behandlungsnotwendigkeit besteht.

Exploration:

Patient
- *Ißt Du insgesamt wenig oder paßt Du sehr genau auf, was Du ißt?*
- *Läßt Du bestimmte Nahrungsmittel weg?*

Bezugsp
- *Ißt P insgesamt wenig oder paßt P sehr genau auf, was P ißt?*
- *Läßt P bestimmte Nahrungsmittel weg?*

Abzugrenzende Merkmale:

Selbst herbeigeführter Gewichtsverlust .... (9.1)
Appetitverlust .... (10.1)
Dissoziation/Konversion .... (10.7)

9.3 Heißhunger- und Eßattacken (SF)

Unwiderstehliches Bedürfnis nach Nahrungsaufnahme, so daß der Patient in kurzer Zeit sehr große Mengen an Nahrungsmitteln konsumiert. Die Heißhunger- und Eßattacken werden in der Regel als Kontrollverlust erlebt. Der Patient weiß, daß dieses Eßverhalten abnorm ist und setzt häufig verschiedene Methoden zur Gewichtsregulation ein (z. B. Erbrechen, Laxantienabusus, Diuretika, Hungerperioden).

Beispiel für „Stark ausgeprägte Symptomatik":

Kontext
- Täglich mehrfach auftretende Heißhungeranfälle mit Eßattacken.

Exploration:

Patient
- *Leidest Du unter ausgeprägten Heißhungeranfällen, bei denen Du ungewöhnlich große Nahrungsmengen zu Dir nimmst?*

Bezugsp
- *Leidet P unter ausgeprägten Heißhungeranfällen, bei denen P ungewöhnlich große Nahrungsmengen zu sich nimmt?*

Abzugrenzende Merkmale:

Erhöhte Nahrungsaufnahme .... (9.4)

9.4 Erhöhte Nahrungsaufnahme (SF)

Übermäßiges Essen, das zu einer deutlichen Gewichtszunahme über das Normalgewicht hinaus führt.

Beispiel für „Stark ausgeprägte Symptomatik":

Kontext
- Klinisches Bild der Adipositas mit unkontrolliertem Essen und der Gefahr von körperlichen Folgeschäden.

Exploration:		
Patient	•	*Hast Du das Gefühl, daß Du mehr ißt und mehr Appetit hast als andere?*
Bezugsp	•	*Ißt P deutlich mehr als andere und kann P seinen Appetit schlecht beherrschen?*

Abzugrenzende Merkmale: Heißhunger- und Eßattacken .... (9.3)

9.5 Rumination (SF)

Willkürliches Heraufwürgen bereits geschluckter Nahrung mit erneutem Kauen und Schlucken der Nahrung.

Beispiel für „Stark ausgeprägte Symptomatik":

Explor/ Kontext
- Häufiges und andauerndes Ruminieren.

Exploration:		
Patient	•	*Hast Du schon mal Speisen wieder hochgewürgt, erneut gekaut und dann wieder geschluckt?*
Bezugsp	•	*Ist Ihnen aufgefallen, daß P Speisen wieder hochwürgt, erneut kaut und dann wieder schluckt?*

Abzugrenzende Merkmale: Erbrechen .... (10.2)

9.6 Pica (SF)

Ständiges Essen nicht eßbarer Substanzen über einen längeren Zeitraum. Das Verhalten ist entwicklungsmäßig unangemessen.

Beispiel für „Stark ausgeprägte Symptomatik":

Explor/ Kontext
- Regelmäßiger und anhaltend auftretender Verzehr nicht eßbarer Substanzen.

Exploration:		
Patient	•	*Ißt Du Dinge, die man eigentlich nicht essen kann?*
Bezugsp	•	*Ißt P Dinge, die nicht zum Verzehr bestimmt sind?*

Abzugrenzende Merkmale:
Abnorme Gewohnheiten .... (5.4)
Rumination .... (9.5)

10 Körperliche Beschwerden

Orientierende Exploration der Bezugsperson (des Patienten analog):
• *Hat P irgendwelche körperliche Beschwerden?*
• *Gibt es Probleme mit der Sauberkeit (Einnässen oder Einkoten) oder dem Schlafen?*

10.1 Appetitverlust (SF)

Herabgesetztes Bedürfnis nach Nahrung, verminderter Genuß am Essen oder Trinken.

Beispiel für „Stark ausgeprägte Symptomatik":

Explor/ Kontext	• Patient verspürt überhaupt keinen Appetit mehr und muß zum Essen angehalten werden.

Exploration:	
Patient	• *Hast Du weniger Appetit als früher?*
Bezugsp	• *Hat P weniger Appetit als früher oder ißt P nur mit Widerwillen und müssen Sie P zum Essen anhalten?*

Abzugrenzende Merkmale:	Selbst herbeigeführter Gewichtsverlust	(9.1)
	Verminderte, auffällig kontrollierte Nahrungsaufnahme . . .	(9.2)

10.2 Erbrechen (SF)

Erbrechen ohne hinreichende körperliche Ursache, wie z. B. nach Genuß verdorbener Nahrungsmittel. Erbrechen kann als funktionales Symptom auftreten oder willkürlich herbeigeführt werden.

Beispiel für „Stark ausgeprägte Symptomatik":

Explor/ Kontext	• Mehrfach am Tag auftretendes Erbrechen.

Exploration:	
Patient	• *Mußtest Du in letzter Zeit häufiger erbrechen?* • *Ist das Erbrechen von selbst aufgetreten oder hast Du es herbeigeführt?*
Bezugsp	• *Mußte P in letzter Zeit häufiger erbrechen?* • *Ist das Erbrechen von selbst aufgetreten oder hat P es herbeigeführt?*

Abzugrenzende Merkmale:	Rumination	(9.5)
	Selbst herbeigeführter Gewichtsverlust	(9.1)

10.3 Einnässen (tagsüber) (SF)

Wiederholter unwillkürlicher Urinabgang am Tage. Nicht kodiert werden Inkontinenzen (z. B. bei neurologischen Erkrankungen oder epileptischen Anfällen). Das Symptom wird erst ab einem Entwicklungsalter von fünf Jahren kodiert.

Beispiel für „Stark ausgeprägte Symptomatik":

Explor/ Kontext
- Mehrfach täglich auftretendes Einnässen.

Exploration:

Patient
- *Machst Du manchmal tagsüber in die Hose?*
- *Wie oft passiert Dir das?*

Bezugsp
- *Näßt P tagsüber ein?*
- *Wie häufig tritt das auf?*

Abzugrenzende Merkmale: Bettnässen . . . . (10.4)

10.4 Bettnässen (SF)

Wiederholter unwillkürlicher Urinabgang bei Nacht. Nicht kodiert werden Inkontinenzen (z. B. bei neurologischen Erkrankungen oder epileptischen Anfällen). Das Symptom wird erst ab einem Entwicklungsalter von fünf Jahren kodiert.

Beispiel für „Stark ausgeprägte Symptomatik":

Explor/ Kontext
- Mindestens einmal pro Nacht auftretendes Einnässen.

Exploration:

Patient
- *Machst Du manchmal nachts ins Bett?*
- *Wie häufig passiert das?*

Bezugsp
- *Näßt P nachts ein?*
- *Wie häufig tritt das auf?*

Abzugrenzende Merkmale: Einnässen (tagsüber) . . . . (10.3)

10.5 Einkoten (SF)

Wiederholtes Absetzen von Stuhl in die Kleidung oder außerhalb der Toilette. Die Intensität kann von leichten Kotspuren in der Kleidung bis zu größeren Kotmassen variieren. Das Symptom wird in der Regel erst ab einem Entwicklungsalter von fünf Jahren kodiert.

Beispiel für „Stark ausgeprägte Symptomatik":

Explor/ Kontext	• Tägliches Einkoten.

Exploration:	
Patient	• *Kommt es bei Dir manchmal zu einem Einkoten?*
Bezugsp	• *Kotet P noch ein?*

Abzugrenzende Merkmale: entfällt

10.6 Schlafprobleme (SF)

Einschlaf- und Durchschlafstörungen, Verkürzung der Schlafzeit (vorzeitiges Erwachen), Verlängerung der Schlafzeit; Schlafwandeln, Pavor nocturnus, Schlafanfälle. Die Störungen des Schlafes dürfen nicht durch äußere Umstände (z. B. Lärm) bedingt sein.

Beispiel für „Stark ausgeprägte Symptomatik":

Kontext	• Wiederholte, anhaltende Schlafschwierigkeiten, die zu deutlicher Beeinträchtigung führen.

Exploration:	
Patient	• *Hast du Probleme mit dem Ein- oder Durchschlafen?*
Bezugsp	• *Hat P Probleme mit dem Ein- oder Durchschlafen?*

Abzugrenzende Merkmale: Fatigue . . . . (10.10)

10.7 Dissoziation/Konversion (SF)

Teilweiser oder völliger Verlust der normalerweise integrativen Funktionen des Bewußtseins, des Gedächtnisses, der Identität oder der Wahrnehmung der Umwelt (Dissoziation). Symptome oder Ausfälle, die willkürliche motorische oder sensorische Funktionen betreffen, wobei ein Zusammenhang zwischen den Symptomen/Ausfällen und psychischen Faktoren angenommen wird und die Symptome nicht absichtlich erzeugt oder vorgetäuscht sind (Konversion).

Beispiel für „Stark ausgeprägte Symptomatik":

Explor/ Kontext	• Dissoziative Phänomene (wie Amnesie oder Fugue) bzw. Konversionssymptome (z. B. Lähmungen) sind so stark ausgeprägt, daß erhebliche Beeinträchtigungen im Alltag auftreten und die Symptome auch während der Exploration die Situation prägen.

Exploration:

Patient	• *Ist es schon vorgekommen, daß Du Dich an wichtige persönliche und belastende Ereignisse nicht erinnern kannst?*
	• *Hast Du ungewöhnliche körperliche Beschwerden, wie Gangstörungen oder Ausfälle in der Sinneswahrnehmung wie z. B. Taubheitsgefühle oder Blindheit?*
Bezugsp	• *Kann P sich an wichtige persönliche und belastende Ereignisse nicht erinnern?*
	• *Hat P ungewöhnliche körperliche Beschwerden, wie Gangstörungen oder Ausfälle in der Sinneswahrnehmung wie z. B. Taubheitsgefühle oder Blindheit?*

Abzugrenzende Merkmale:	Derealisation/Depersonalisation	(11.10)
	Gedankenlautwerden/-entzug/-eingebung/-ausbreitung	(11.8)
	Wahn	(11.13)
	Gedächtnis, Orientierung und Bewußtsein	(12)
	Hypochondrie	(10.11)
	Autonome Dysfunktionen)	(10.8)
	Schmerzen	(10.9)

10.8 Autonome Dysfunktionen (Sf)

Symptome von Organsystemen, die überwiegend autonom (vegetativ) innerviert und kontrolliert werden: Herz-Kreislaufsystem, oberer und unterer Gastrointestinaltrakt, respiratorisches System, Urogenitalsystem und vegetatives Nervensystem.

Beispiel für „Stark ausgeprägte Symptomatik":

Explor/ Kontext	• Symptome, die zur einer deutlichen Beeinträchtigung im Alltag oder zu einer notfallmäßigen Krankenhausaufnahme führen (z. B. Herzbeschwerden). Die Symptome können auch während der Exploration die Situation prägen.

Exploration:

Patient	• *Hast Du körperliche Beschwerden, z. B. Herz-Kreislaufbeschwerden?*
Bezugsp	• *Hat P körperliche Beschwerden, z. B. Herz-Kreislaufbeschwerden?*

Abzugrenzende Merkmale:	Dissoziation/Konversion	(10.7)
	Schmerzen	(10.9)
	Hypochondrie	(10.11)

10.9 Schmerzen (Sf)

Schmerzen jeglicher Art, bei denen psychischen Faktoren eine wichtige Rolle für Beginn, Schweregrad, Exacerbation oder Aufrechterhaltung beigemessen wird und die nicht ausreichend durch eine organische Ursache erklärt werden können. Die häufigsten Schmerzen sind Kopf- und Bauchschmerzen.

Beispiel für „Stark ausgeprägte Symptomatik":

Explor/ Kontext	● Regelmäßig, stark und häufig auftretende Schmerzen, so daß Funktionen im Alltag deutlich beeinträchtigt sind.

Exploration:

Patient	● *Hast Du öfter Schmerzen?*
Bezugsp	● *Hat P öfter Schmerzen?*

Abzugrenzende Merkmale:	Dissoziation/Konversion	(10.7)
	Autonome Dysfunktionen	(10.8)
	Hypochondrie	(10.11)

10.10 Fatigue (Sf)

Ausgeprägtes und andauerndes Gefühl der Müdigkeit, Abgeschlagenheit und verminderter Leistungsfähigkeit. Die Symptome können nicht hinreichend durch eine organische Ursache erklärt werden.

Beispiel für „Stark ausgeprägte Symptomatik":

Explor/ Kontext	● Anhaltende Gefühle der Müdigkeit, so daß Funktionen im Alltag deutlich beeinträchtigt sind.

Exploration:

Patient	● *Fühlst Du Dich ständig müde und abgeschlagen?*
Bezugsp	● *Fühlt P sich ständig müde, abgeschlagen und nicht leistungsfähig?*

Abzugrenzende Merkmale:	Interesselosigkeit/Apathie	(8.8)
	Anhedonie	(8.3)
	Depressiv/traurig	(8.1)
	Verminderte körperliche Aktivität	(4.1)
	Schlafprobleme	(10.6)

10.11 Hypochondrie (sF)

Ängstlich getönte Beziehung zum eigenen Körper mit ausgeprägter Sorge um die eigene Gesundheit und ständigem übertriebenen Beobachten und Fehlinterpretieren der eigenen Körperfunktionen ohne Hinweise auf einen organischen Krankheitsfaktor.

Beispiel für „Stark ausgeprägte Symptomatik":

Explor
- P schildert wiederholt körperliche Beschwerden oder kommt ständig auf diese Thematik zurück. P läßt sich nicht oder nur kurzfristig durch Erklärungen beruhigen.

Kontext
- Die übermäßige Beschäftigung mit diesen Symptomen verursacht Leiden oder Beeinträchtigungen in wichtigen Funktionsbereichen des Alltags.

Exploration:

Patient
- *Machst Du Dir häufig Sorgen, daß Du ernsthaft krank bist?*

Bezugsp
- *Macht P sich häufig Sorgen, daß eine ernsthafte Erkrankung vorliegen könnte?*

Abzugrenzende Merkmale:

Zwangsgedanken	(7.1)
(Hypochondrischer) Wahn	(11.13)
Panikattacken	(6.6)
Umschriebene Phobie	(6.2)
Generalisierte Angst	(6.7)
Dissoziation/Konversion	(10.7)
Autonome Dysfunktionen	(10.8)
Schmerzen	(10.9)
Fatigue	(10.10)

11 Denken und Wahrnehmung

Orientierende Exploration des Patienten (der Bezugsperson analog):

Hast Du das Gefühl, daß sich in der letzten Zeit Deine Wahrnehmung, Dein Erleben, Dein Denken und/oder die Umgebung in ungewöhnlicher Weise verändert haben?

- *Hast Du in letzter Zeit Dinge erlebt, die Dir merkwürdig vorkamen, die Dich beunruhigten oder sogar Angst machten?*
- *Hast Du in der letzten Zeit irgendwie beobachtet, daß sich die Umgebung oder Du selbst Dich seltsam verändert haben?*
- *Hast Du Dinge wahrgenommen, die andere nicht wahrnehmen (z. B. daß Du etwas hörst, siehst, fühlst, riechst oder schmeckst)?*
- *Hast Du gemerkt, daß Dein Denken umständlich ist oder immer um das gleiche kreist?*
- *Hast Du das Gefühl, als ob Deine Gedanken weggenommen wurden oder sich ausbreiteten?*

11.1 Gehemmt/verlangsamt (SF)

Das Denken ist schleppend und kontinuierlich verzögert oder wird vom Patienten als gebremst oder blockiert (wie gegen einen inneren Widerstand) empfunden.

Beispiel für „Stark ausgeprägte Symptomatik":

Explor/ Kontext
- Der Gesprächsablauf wird durch den stockenden Gedankengang und längere Sprechpausen deutlich behindert. Die Hemmung des Denkablaufs führt zu deutlichen Funktionsbeeinträchtigungen oder quält den Patienten.

Exploration:	
Patient	• *Hast Du das Gefühl, daß Dein Denken nur schwer und schleppend geht?*
Bezugsp	• *Wirkt P in seinem/ihrem Denken verlangsamt?*

Abzugrenzende Merkmale:		
	Intelligenzminderung	(3.1)
	Expressive Sprachstörungen	(3.3)
	Rezeptive Sprachstörung	(3.4)
	Sprechverweigerung/Mutismus	(1.4)
	Sozial zurückgezogen/isoliert	(1.3)
	Scheu/unsicher	(1.2)
	Depressiv/traurig	(8.1)
	Interesselosigkeit/Apathie	(8.8)
	Eingeengt	(11.3)
	Perseverationen	(11.4)
	Gedächtnis, Orientierung und Bewußtsein	(12)
	Grübeln	(11.5)

11.2 Umständlich/weitschweifig (F)

Als umständlich und weitschweifig bezeichnet man ein Denken, das Nebensächliches nicht vom Wesentlichen trennt und sich in unwichtigen Einzelheiten verliert, ohne vom Ziel gänzlich abzukommen.

Beispiel für „Stark ausgeprägte Symptomatik":

Explor/ Kontext
- Die Exploration wird durch die Umständlichkeit oder Weitschweifigkeit erheblich behindert. Auch durch einen Themenwechsel ist dies nicht zu beheben. Dies wird auch in Gesprächssituationen außerhalb der Exploration deutlich.

Exploration:	
Patient	(keine Patientenexploration)
Bezugsp	• *Ist P sehr umständlich und weitschweifig, wenn P etwas erzählt?*
	• *Verliert P sich oft in unwichtigen Einzelheiten?*

Abzugrenzende Merkmale:	Ideenflucht	(11.6)
	Inkohärenz, Zerfahrenheit, Paralogie	(11.7)
	Merkfähigkeits-/Gedächtnisbeeinträchtigung	(12.1)

11.3 Eingeengt (F)

Einschränkung des inhaltlichen Denkumfanges, Fixierung auf ein Thema oder wenige Themen, wenige Zielvorstellungen oder Denkinhalte.

Beispiel für „Stark ausgeprägte Symptomatik":

Explor/ Kontext

- P ist so stark eingeengt, daß er nicht auf ein anderes Thema gebracht werden kann. Dies wird auch in Gesprächssituationen außerhalb der Exploration deutlich.

Exploration:

Patient (keine Patientenexploration)

Bezugsp ● *Kreist das Denken von P immer um ein und dasselbe Thema?*

Abzugrenzende Merkmale:	Gehemmt/verlangsamt	(11.1)
	Perseverationen	(11.4)
	Grübeln	(11.5)
	Zwangsgedanken	(7.1)
	Intelligenzminderung	(3.1)

11.4 Perseverationen (F)

Das ständige Wiederholen von und Haftenbleiben an Worten oder Angaben, die vorher gebraucht wurden, im aktuellen Zusammenhang aber nicht mehr sinnvoll sind.

Beispiel für „Stark ausgeprägte Symptomatik":

Explor/ Kontext

- Die Häufigkeit der Perseverationen beeinträchtigt Gespräche oder Exploration deutlich.

Exploration:

Patient (keine Patientenexploration)

Bezugsp ● *Bleibt P im Gespräch häufig haften, indem P immer wieder das Gleiche wiederholt?*

Abzugrenzende Merkmale:	Grübeln	(11.5)
	Eingeengt	(11.3)
	Intelligenzminderung	(3.1)

11.5 Grübeln (Sf)

Unablässiges Beschäftigtsein mit meist unangenehmen Themen, die vom Patienten nicht als fremd erlebt werden und meist mit der aktuellen Lebenssituation in Zusammenhang stehen.

Beispiel für „Stark ausgeprägte Symptomatik":

Explor/ Kontext	• Der Patient ist durch sein Grübeln ausgesprochen gequält. Es führt zu einer deutlichen Beeinträchtigung von Leistungsfähigkeit und Lebensgefühl.

Exploration:	
Patient	• *Kommst Du von bestimmten Gedanken nicht los und quält Dich das sehr?*
Bezugsp	• *Berichtet P über quälende Gedanken, von denen P sich nicht lösen kann?*

Abzugrenzende Merkmale:		
	Eingeengt	(11.3)
	Zwangsgedanken	(7.1)

11.6 Ideenflucht (F)

Vermehrung von Einfällen, bei der das Denken nicht mehr von einer Zielvorstellung straff geführt wird. Das Ziel wechselt beständig aufgrund von dazwischenkommenden Assoziationen.

Beispiel für „Stark ausgeprägte Symptomatik":

Explor/ Kontext	• P springt während des Gesprächs wegen dazwischenkommender Einfälle mehrfach von Thema zu Thema, so daß der Gang der Exploration oder des Gesprächsablaufes deutlich beeinträchtigt ist.

Exploration:	
Patient	(keine Patientenexploration)
Bezugsp	• *Springt P während eines Gespräches häufig von einem Thema zum anderen, so daß man ihm nicht mehr richtig folgen kann?*

Abzugrenzende Merkmale:		
	Inkohärenz/Zerfahrenheit/Paralogik	(11.7)
	Umständlich/weitschweifig	(11.2)

11.7 Inkohärenz/Zerfahrenheit/Paralogik (F)

Das Denken und Sprechen hat keinen verständlichen Zusammenhang mehr, ist im Extremfall bis in einzelne, scheinbar zufällig durcheinander gewürfelte Sätze, Satzgruppen oder Gedankenbruchstücke zerrissen. Bei leichten Formen kann der Satzbau noch intakt sein (Paralogik), bei schweren Formen ist er zerstört.

Beispiel für „Stark ausgeprägte Symptomatik":

Explor/ Kontext	● Die Störungen behindern über längere Strecken das Verstehen von P, oder mindestens einmal tritt ein eindeutiger Zerfall der Sprache auf.

Exploration:	
Patient	(keine Patientenexploration)
Bezugsp	● *Spricht P so zerfahren, daß man den Sinn nicht mehr verstehen kann?*

Abzugrenzende Merkmale:		
	Umständlich /weitschweifig	(11.2)
	Ideenflucht	(11.6)
	Gedächtnis, Orientierung und Bewußtsein	(12)
	Expressive Sprachstörung	(3.3)
	Rezeptive Sprachstörung	(3.4)

11.8 Gedankenausbreitung/-lautwerden/-eingebung/-entzug (Sf)

P klagt darüber, daß seine Gedanken ihm nicht mehr allein gehören, daß andere daran Anteil hätten und wüßten, was er denke (Gedankenausbreitung), oder daß andere seine Gedanken hören würden (Gedankenlautwerden). P empfindet seine Gedanken und Vorstellungen als von außen beeinflußt, gesteuert oder aufgedrängt (Gedankeneingebung). P hat das Gefühl, ihm würden die Gedanken weggenommen oder entrissen (Gedankenentzug).

Beispiel für „Stark ausgeprägte Symptomatik":

Explor/ Kontext	● Subjektive Gewißheit, daß praktisch alle Gedanken für andere verfügbar oder von anderen gehört, von außen eingegeben oder entzogen werden können.

Exploration:

Patient
- *Meinst Du, andere kennen Deine Gedanken oder können wissen oder sogar hören, was Du gerade denkst?*
- *Hast Du manchmal das Gefühl,*
  - *daß Du Gedanken hast, die gar nicht von Dir selbst stammen?*
  - *daß Deine Gedanken von anderen beeinflußt oder gelenkt werden?*
  - *daß Deine Gedanken Dir weggenommen werden können?*

Bezugsp
- *Haben Sie den Eindruck, P könnte glauben, daß andere seine/ihre Gedanken kennen oder wissen oder sogar hören, was P gerade denkt?*
- *Hat P schon einmal geäußert,*
  - *daß P Gedanken hat, die gar nicht von P selbst stammen?*
  - *daß die Gedanken von P von anderen beeinflußt oder gelenkt werden?*
  - *daß P meint, Gedanken könnten P weggenommen werden?*

Abzugrenzende Merkmale:		
	Derealisation/Depersonalisation	(11.10)
	Wahn	(11.13)

11.9 Sensitiv/mißtrauisch (sF)

Wahrnehmungen werden in unangemessener Weise auf die eigene Person bezogen. Anderen Menschen wird mit ausgeprägtem Argwohn begegnet oder eine feindselige Haltung unterstellt.

Beispiel für „Stark ausgeprägte Symptomatik":

Explor
- Bei P ist kein Vertrauen in Angebote oder Zusicherungen des Untersuchers zu erreichen. Es kommt zu ständigen Nachfragen und Rückversicherungen.
- P möchte Untersucher keinesfalls mit Eltern/Begleitperson alleine sprechen lassen.

Kontext
- Das Verhalten von P wird weitgehend von Mißtrauen geprägt. Er berichtet von ständigen mißtrauischen Befürchtungen. P bezieht häufig Ereignisse oder Äußerungen auf sich, obwohl sie so nicht gemeint sind.

Exploration:

Patient
- *Hast Du oft das Gefühl, daß Du sehr vorsichtig und eher mißtrauisch sein mußt, damit Dir nichts geschieht?*

Bezugsp
- *Haben Sie den Eindruck, daß P ungewöhnlich mißtrauisch ist und selbst belanglose Ereignisse oder Aussagen auf sich bezieht?*

Abzugrenzende Merkmale: Wahn .... (11.13)

11.10 Derealisation/Depersonalisation (Sf)

Die Umgebung erscheint P unwirklich, fremdartig oder auch räumlich verändert. Dadurch wirkt die Umwelt für P unvertraut, sonderbar oder gespenstisch. Eine Abschwächung von Sinneseindrücken sollte hier ebenfalls markiert werden. Im Unterschied zum Wahn werden die Phänomene im Sinne eines „als ob" erlebt (Derealisation). Störung des Einheitserlebens der Person im Augenblick oder der Identität in der Zeit des Lebenslaufs. P kommt sich selbst unwirklich, verändert, fremd oder uneinheitlich vor (Depersonalisation).

Beispiel für „Stark ausgeprägte Symptomatik":

Explor/ Kontext
- Ein großer Teil des Erlebens wird durch die Symptomatik geprägt (z. B. sehen Menschen ungewohnt oder mechanisch aus, wie Marionetten). Anhaltendes Gefühl einer tiefgreifenden persönlichen Veränderung und Fremdheit oder Unwirklichkeit.

Exploration:

Patient
- *Kommt Dir die vertraute Umgebung in letzter Zeit irgendwie verändert oder fremd vor?*
- *Erscheint Dir Deine Umgebung irgendwie unwirklich?*
- *Spürst Du Deinen Körper so wie üblich?*
- *Kommst Du Dir selbst unwirklich oder fremd vor?*

Bezugsp	•	*Haben Sie den Eindruck, daß P die vertraute Umgebung in letzter Zeit irgendwie verändert oder fremd vorkommt?*
	•	*Haben Sie den Eindruck, daß P seinen Körper als unwirklich oder fremd erlebt?*

Abzugrenzende Merkmale:
Dissoziation/Konversion .... (10.7)
Hypochondrie .... (10.11)
Illusionäre Verkennung .... (11.11)
Halluzination .... (11.12)
Wahn .... (11.13)

11.11 Illusionäre Verkennung (Sf)

Illusionäre Verkennungen sind dadurch gekennzeichnet, daß etwas wirklich gegenständlich Vorhandenes für etwas anderes gehalten wird, als es tatsächlich ist. Illusionen sind also verfälschte Wahrnehmungen der Realität. Hierzu zählen auch Personenverkennungen.

Beispiel für „Stark ausgeprägte Symptomatik":

Explor/ Kontext
- Die Wahrnehmungsverfälschung ist andauernd und resistent gegen Korrekturversuche von außen.

Exploration:		
Patient	•	*Geschieht es öfters, daß Du Dinge als etwas anderes wahrnimmst als andere (z. B. daß andere sagen, daß es das Rauschen von Blättern sei, Du aber Stimmengewirr hörst)?*
Bezugsp	•	*Ist es vorgekommen, daß P häufiger etwas wirklich Vorhandenes falsch wahrnimmt oder falsch interpretiert, z. B. das Rauschen von Blättern als Stimmengewirr?*

Abzugrenzende Merkmale:
Halluzination .... (11.12)
Wahn .... (11.13)

11.12 Halluzination (Sf)

Sinneswahrnehmung, die den unmittelbaren Realitätseindruck einer echten Wahrnehmung hat, die jedoch ohne äußeren Reiz auftritt. Je nach betroffener Sinnesmodalität wird zwischen akustischen, optischen, taktilen und körperbezogenen, olfaktorischen und gustatorischen Halluzinationen unterschieden.

Beispiel für „Stark ausgeprägte Symptomatik":

Explor/ Kontext
- Das Symptom ist andauernd vorhanden, kann nicht wesentlich unterdrückt werden und beeinträchtigt durch seine Stärke deutlich erkennbar die Aufnahme und Verarbeitung von Informationen.

Exploration:		
Patient	•	*Hörst Du Stimmen, obwohl niemand in der Nähe ist, oder siehst Du Personen oder Gegenstände, die andere nicht sehen können?*
	•	*Haben Speisen oder Getränke einen anderen Geschmack als früher oder bemerkst Du seltsame Gerüche?*
Bezugsp	•	*Haben Sie den Eindruck, daß P Stimmen hört, obwohl niemand in der Nähe ist oder daß P Personen oder Gegenstände sieht, die andere nicht sehen können?*
	•	*Haben Sie den Eindruck, daß Speisen oder Getränke für P einen anderen Geschmack als früher haben oder daß P seltsame Gerüche bemerkt?*

Abzugrenzende Merkmale:	Sensitiv/mißtrauisch	(11.9)
	Derealisation/Depersonalisation	(11.10)
	Illusionäre Verkennung	(11.11)
	Wahn	(11.13)

11.13 Wahn (sF)

Eine falsche Überzeugung aufgrund unrichtiger Schlußfolgerungen über die äußere Realität. Diese wird fest beibehalten trotz abweichender Ansichten fast aller anderen Personen und trotz aller unwiderlegbaren und klaren Beweise des Gegenteils. Wahnhafte Gewißheit tritt in einem Kontinuum auf und reicht von diffuser Wahnstimmung und einzelnen Wahngedanken bis hin zu systematisiertem Wahn. Häufige Manifestationsformen sind:

Beziehungswahn
Die wahnhafte Eigenbeziehung, in der Menschen und Dinge der Umwelt in einem abnormen Bedeutungsbewußtsein auf P selbst bezogen werden.

Beeinträchtigungs- und Verfolgungswahn
P erlebt sich selbst als Ziel von Feindseligkeiten. Er ist davon überzeugt, von seiner Umwelt bedroht, beleidigt, verspottet oder verhöhnt zu werden.

Schuldwahn
Unverrückbare Überzeugung, Schuld auf sich geladen zu haben.

Größenwahn
Diese Wahnform reicht von unbegründeter Selbstüberschätzung bis zu enormer Selbstüberhöhung.

Beispiel für „Stark ausgeprägte Symptomatik":

Explor/ Kontext	•	Das Erleben des Patienten wird überwiegend von den Wahnphänomenen geprägt. Die Realitätskontrolle gelingt nicht mehr, so daß Alltagsfunktionen erheblich eingeschränkt sind.

Exploration:

Patient

- *Hast Du das Gefühl, daß irgend etwas Seltsames vor sich geht, daß alles unheimlich ist?*
- *Haben bestimmte Dinge in der Umgebung eine besondere Bedeutung für Dich bekommen?*
- *Hast Du in der letzten Zeit das Gefühl, daß viele Dinge um Dich herum passiert sind, die alle etwas mit Dir zu tun haben oder daß Leute ständig Anspielungen auf Dich machen?*
- *Hast Du das Gefühl, daß Dir jemand etwas Böses oder Schlechtes antun will?*
- *Hast Du das Gefühl, daß Du Dich schuldig gemacht hast?*
- *Hast Du besondere oder ungewöhnliche Fähigkeiten oder Kräfte, über die andere Menschen nicht verfügen können?*

Bezugsp

- *Haben Sie den Eindruck,*
  - *daß P das Gefühl hat, daß irgend etwas Seltsames vor sich geht oder daß alles unheimlich ist?*
  - *daß bestimmte Dinge in der Umgebung eine besondere Bedeutung für P bekommen haben?*
  - *daß P in der letzten Zeit das Gefühl hat, daß viele Dinge passiert sind, die alle etwas mit P tun haben oder daß Leute ständig Anspielungen auf P machen?*
  - *daß P das Gefühl hat, daß jemand P etwas Böses oder Schlechtes antun will?*
  - *daß P meint, daß P sich schuldig gemacht hat?*
  - *daß P denkt, daß er/sie besondere oder ungewöhnliche Fähigkeiten oder Kräfte hat, über die andere Menschen nicht verfügen können?*

Abzugrenzende Merkmale:

Gedankenlautwerden/-entzug/-eingebung/-ausbreitung ... (11.8)
Sensitiv/mißtrauisch ... (11.9)
Derealisation/Depersonalisation ... (11.10)
Illusionäre Verkennung ... (11.11)
Halluzinationen ... (11.12)
Gesteigertes Selbstwertgefühl ... (8.11)
Schulgefühle/Selbstanklage ... (8.6)

12 Gedächtnis, Orientierung und Bewußtsein

Orientierende Exploration der Bezugsperson (des Patienten analog):

- *Hat P Probleme, sich Dinge zu merken oder sich an wichtige Ereignisse zu erinnern?*
- *Haben Sie den Eindruck, daß P manchmal nicht weiß, wer er/sie ist oder wo er/sie ist?*
- *Wirkt P benommen oder schläfrig?*

12.1 Merkfähigkeits-/Gedächtnisstörungen (sF)

Herabsetzung bis Aufhebung der Fähigkeit, frische Eindrücke kurzfristig bzw. Eindrücke und Erfahrungen längerfristig zu speichern oder Erlerntes aus dem Gedächtnis abzurufen.

Beispiel für „Stark ausgeprägte Symptomatik“:

Explor
- Drei in der Untersuchungssituation zur Prüfung vorgegebene Zahlen oder Begriffe werden nach kurzer Zeit nicht mehr erinnert.
- Wesentliche Ereignisse können von P nicht erinnert werden.

Kontext
- P kann sich neue Dinge, wie z. B. Namen, sehr schlecht merken.

Exploration:

Patient
- *Hast Du Probleme, neu gelernte Namen oder Begriffe zu behalten oder Dich an wichtige Ereignisse zu erinnern?*

Prüfung der Merkfähigkeit in der Untersuchungssituation durch Vorgabe von drei Begriffen in altersgemäßer Form (z. B. 17, Köln, Tasse).

Bezugsp
- *Hat P Probleme, neu gelernte Namen oder Begriffe zu behalten oder sich an wichtige Ereignisse zu erinnern?*

Abzugrenzende Merkmale: Intelligenzminderung .... (3.1)

12.2 Orientierungsstörungen (sF)

P kann zu Zeit, Ort, Situation oder zur eigenen Person keine oder nur unvollständige Angaben machen.

Beispiel für „Stark ausgeprägte Symptomatik“:

Explor/ Kontext
- Die Orientierung ist nahezu vollständig gestört. Es muß mindestens eine ausgeprägte Störung in einem der oben genannten Bereiche vorliegen.

Exploration:	
Patient	Prüfung der Orientierung in der Untersuchungssituation (in altersangemessener Form), z. B. ● *Welcher Wochentag ist heute?* ● *In welcher Stadt (welchem Stadtteil) sind wir hier?* ● *Wo sind wir hier und warum bist Du gekommen?* ● *Sage mir bitte, wann und wo Du geboren wurdest.* ● *Wo wohnst Du?*
Bezugsp	● *Hat P Schwierigkeiten, sich hinsichtlich der Zeit, des Ortes, der Situation oder hinsichtlich der eigenen Person zurechtzufinden?*

Abzugrenzende Merkmale:

- Intelligenzminderung .... (3.1)
- Unaufmerksam/ablenkbar .... (4.4)
- Dissoziation/Konversion .... (10.7)

12.3 Störungen der Wachheit/des Bewußtseins (sF)

Störung der Wachheit (Bewußtseinsverminderung), qualitative Beeinträchtigung der Bewußtseinsklarheit (Bewußtseinstrübung), Fokussierung sowohl des Denkens, als auch des Fühlens und Wollens auf wenige Themen (Bewußtseinseinengung); Erweiterung des Erlebens durch Steigerung der Wachheit, intensivierte Wahrnehmung von Raum und Zeit, Sinnesempfindungen und eines erweiterten Erfahrungshorizontes (Bewußtseinsverschiebung).

Beispiel für „Stark ausgeprägte Symptomatik":

Explor/Kontext

- P ist nur noch durch starke Reize erweckbar (Bewußtseinsverminderung).
- P ist nicht in der Lage, verschiedene Aspekte der eigenen Person und der Umwelt zu verstehen und sie sinnvoll miteinander zu verbinden (Bewußtseinstrübung).
- Versuche, P auf andere Themen zu leiten, beantwortet er nicht (Bewußtseinseinengung).
- P ist stark beeindruckt von den sehr intensiven Eindrücken und Steigerungen auf allen Sinnesgebieten (Bewußtseinsverschiebung).

Exploration:	
Patient	Prüfung des Wachheitszustandes und der qualitativen Aspekte des Bewußtseins in der Untersuchungssituation. ● *Bist Du schläfrig oder müde?* ● *Nimmst Du Deine Umwelt intensiver, stärker oder deutlicher wahr als sonst?*
Bezugsp	● *Wirkt P benommen, schläfrig oder apathisch oder reagiert er nicht mehr auf seine Umgebung oder nur noch auf ganz bestimmte Dinge?* ● *Berichtet P von einer intensiveren Wahrnehmung seiner Umwelt?*

Abzugrenzende Merkmale:	Interesselosigkeit/Apathie	(8.8)
	Fatigue	(10.10)
	Dissoziation/Konversion	(10.7)
	Eingeengt	(11.3)
	Derealisation/Depersonalisation	(11.10)
	Orientierungsstörungen	(12.2)

13 Andere

Orientierende Exploration der Bezugsperson (des Patienten analog):

- *Gibt es noch andere Probleme, die wir bisher nicht angesprochen haben?*

13.1 Abnorme Bindungen an Objekte (sF)

Spezielle Zuwendung zu ungewöhnlichen Objekten (z. B. Wasserhähne, Rolltreppen, Lichtschalter). Vorherrschende Beschäftigung mit Einzelteilen von Objekten oder nichtfunktionalen Eigenschaften von Spielmaterialien (z. B. Geruchsqualität, Oberflächenbeschaffenheit, Geräusche oder Vibration). Irritationen oder heftige Affektregungen bei Veränderungen auch nur kleiner Details der Umgebung (z. B. Mobiliar oder Kleidungsstücke).

Beispiel für „Stark ausgeprägte Symptomatik“:

Explor/ Kontext

- Die abnorme Bindung an die Objekte dominiert das gesamte Alltagsleben des Patienten, so daß eine Interaktion nahezu unmöglich ist. P beschäftigt sich z. B. stundenlang mit drehenden Gegenständen.

Exploration:

Patient

- *Gibt es Gegenstände, die Dir ganz besonders wichtig sind und ohne die Du nicht sein kannst?*
- *Was machst Du mit diesen Gegenständen?*

Bezugsp

- *Beschäftigt P sich nahezu ausschließlich mit bestimmten Gegenständen, ohne mit ihnen funktionsgerecht zu spielen, z. B. indem P bei Spielsachen nur die Oberfläche befühlt oder an ihnen riecht?*

Abzugrenzende Merkmale:	Intelligenzminderung	(3.1)
	Spielstörung	(3.7)
	Manierismen/Stereotypien	(5.3)
	Abnorme Gewohnheiten	(5.4)
	Zwangshandlungen	(7.2)
	Abnorme Vorlieben/Interessen	(13.2)

13.2 Abnorme Vorlieben/Interessen (sF)

Vorherrschende oder ausschließliche Beschäftigung mit ausgefallenen und eng umschriebenen Interessen (z. B. Verkehrsmittel, Fahrpläne, Telefonbücher).

Beispiel für „Stark ausgeprägte Symptomatik":

Explor/ Kontext	• Die Vorlieben oder Interessen dominieren das gesamte Alltagsleben des Patienten, so daß eine darüber hinausgehende Interaktion nahezu unmöglich ist. P beschäftigt sich z. B. stundenlang mit Fahrplänen oder spricht ständig darüber.

Exploration:

Patient	• *Beschäftigst Du Dich sehr viel mit besonderen Dingen oder hast Du besondere Interessen, die andere kaum haben?*
Bezugsp	• *Beschäftigt sich P nahezu ausschließlich mit ungewöhnlichen Interessen, z. B. mit Verkehrsmitteln, Fahrplänen, Telefonbüchern?*

Abzugrenzende Merkmale:	Intelligenzminderung	(3.1)
	Spielstörung	(3.7)
	Zwangsgedanken	(7.1)
	Zwangshandlungen	(7.2)
	Eingeengt	(11.3)
	Perseverationen	(11.4)
	Abnorme Bindung an Objekte	(13.1)

13.3 Selbstverletzendes Verhalten (SF)

Willentliche oder habituelle Verletzungen des eigenen Körpers, z. B. Verletzungen der Haut durch Kratzen oder Ritzen, Haare ausreißen (Trichotillomanie), Schlagen des Kopfes gegen die Wand. Hier werden keine Handlungen mit suizidaler Intention erfaßt.

Beispiel für „Stark ausgeprägte Symptomatik":

Explor/ Kontext	• Das selbstverletzende Verhalten macht eine medizinische Versorgung oder vorbeugende Maßnahmen erforderlich.

Exploration:

Patient	• *Hast Du Dich schon einmal selbst verletzt oder Dir selbst Schmerzen zugefügt?*
Bezugsp	• *Fügt P sich selbst Verletzungen oder Schmerzen zu, z. B. durch Kratzen oder Ritzen der Haut oder durch Haare ausreißen oder indem er den Kopf an die Wand schlägt?*

Abzugrenzende Merkmale:	Manierismen/Stereotypien	(5.3)
	Abnorme Gewohnheiten	(5.4)
	Zwangshandlungen	(7.2)
	Suizidale Handlungen	(13.5)

13.4 Suizidgedanken (Sf)

Todeswünsche, Absichten oder Pläne, sich das Leben zu nehmen.

Beispiel für „Stark ausgeprägte Symptomatik“:

Explor/ Kontext	• Subjektiv bedrängende Todesphantasien oder Suizidgedanken oder konkrete Absichten und Pläne zur Selbsttötung.

Exploration:

Patient	• *Kommt Dir manchmal der Gedanke, daß Du nicht mehr leben möchtest?* • *Hast Du vor, Dir das Leben zu nehmen?*
Bezugsp	• *Spricht P davon, daß P nicht mehr leben will, daß das Leben keinen Sinn macht oder daß P sich umbringen will?* • *Hat P vor, sich das Leben zu nehmen?*

Abzugrenzende Merkmale: Suizidale Handlungen .... (13.5)

13.5 Suizidale Handlungen (SF)

Alle Vorbereitungen oder Versuche zur Selbsttötung.

Beispiel für „Stark ausgeprägte Symptomatik“:

Explor/ Kontext	• Ein vollendeter Suizid konnte nur durch Eingreifen Dritter verhindert werden.

Exploration:

Patient	• *Hast Du versucht Dich umzubringen oder Vorbereitungen zu einer Selbsttötung getroffen?*
Bezugsp	• *Hat P versucht sich umzubringen oder Vorbereitungen zu einer Selbsttötung getroffen?*

Abzugrenzende Merkmale:
Selbstverletzendes Verhalten .... (13.3)
Suizidgedanken .... (13.4)

13.6 Alkoholmißbrauch (SF)

Übermäßiger Genuß von alkoholischen Getränken mit drohender oder tatsächlicher Schädigung der psychischen oder physischen Gesundheit. Hierzu zählen akute Intoxikation, schädlicher Gebrauch sowie Abhängigkeit.

Beispiel für „Stark ausgeprägte Symptomatik“:

Explor	• P ist in der Untersuchungssituation deutlich durch Alkohol beeinträchtigt.
Kontext	• Regelmäßiger und wiederholter Genuß von Alkohol mit deutlicher Beeinträchtigung der Alltagsfunktionen oder Schädigung der Gesundheit.

Exploration:		
Patient	•	*Trinkst Du regelmäßig oder wiederholt zuviel Alkohol?*
Bezugsp	•	*Trinkt P regelmäßig oder wiederholt in übermäßigen Mengen Alkohol?*

Abzugrenzende Merkmale: Drogenmißbrauch .... (13.7)

13.7 Drogenmißbrauch (SF)

Drogenkonsum oder medizinisch nicht indizierte Medikamenteneinnahme mit drohender oder tatsächlicher Schädigung der psychischen oder physischen Gesundheit. Hierzu zählen akute Intoxikation, schädlicher Gebrauch sowie Abhängigkeit.

Beispiel für „Stark ausgeprägte Symptomatik":

Explor • P ist in der Untersuchungssituation deutlich durch Drogen- oder Medikamentenwirkungen beeinträchtigt.

Kontext • Regelmäßige und wiederholte Einnahme von Drogen oder Medikamenten mit deutlicher Beeinträchtigung der Alltagsfunktionen oder Schädigung der Gesundheit.

Exploration:		
Patient	•	*Nimmst Du regelmäßig oder wiederholt Drogen oder Medikamente ein, die nicht vom Arzt verschieben wurden?*
Bezugsp	•	*Nimmt P regelmäßig oder wiederholt Drogen oder Medikamente ein, die nicht vom Arzt verschieben wurden?*

Abzugrenzende Merkmale: Alkoholmißbrauch .... (13.6)

13.8 Körperschema-Störung (sF)

Fehlwahrnehmung des gesamten Körpers oder einzelner Körperteile, z. B. die Vorstellung trotz normalen Gewichtes übermäßig dick zu sein oder überwertige Ideen bezüglich der Form oder Gestalt einzelner Körperteile.

Beispiel für „Stark ausgeprägte Symptomatik":

Explor/ Kontext • Starke Abweichung des Körperbildes von der realistischen Einschätzung durch andere, die zu Korrekturversuchen durch P führt (z. B. Gewichtsabnahme oder Operationswunsch).

Exploration:		
Patient	•	*Hast Du das Gefühl, zu dick oder unförmig zu sein oder daß einzelne Körperteile Dich entstellen?*
Bezugsp	•	*Hat P das Gefühl, zu dick oder unförmig zu sein oder daß einzelne Körperteile entstellt sind?*

Abzugrenzende Merkmale:

Selbst herbeigeführter Gewichtsverlust .... (9.1)
Dissoziation/Konversion .... (10.7)
(Körperbezogene) Halluzination .... (11.12)

13.9 Geschlechtsidentitäts-/sexuelle Störungen (SF)

Anhaltendes und starkes Unbehagen über das angeborene Geschlecht, verbunden mit dem starken Wunsch, zum anderen Geschlecht zu gehören (Störungen der Geschlechtsidentität). Wunsch, als Angehöriger des anderen biologischen Geschlechtes zu leben und anerkannt zu werden, meist mit einem Gefühl des Unbehagens oder der Nichtzugehörigkeit zum eigenen Geschlecht verbunden (Transsexualismus). Tragen von gegengeschlechtlicher Kleidung, um zeitweilig die Erfahrung der Zugehörigkeit zum anderen Geschlecht zu erleben (Transvestitismus). Störungen der Sexualpräferenz (Fetischismus, fetischistischer Transvestitismus, Exhibitionismus, Voyeurismus, Pädophilie, Masochismus, Sado-Masochismus). Sexuelle Entwicklungs- und Orientierungsstörungen (sexuelle Reifungskrisen, sexuelle Beziehungsstörungen). Sexuelle Funktionsstörungen.

Beispiel für „Stark ausgeprägte Symptomatik":

Explor/ Kontext

- Es besteht ein starker Leidensdruck oder eine erhebliche Belastung des alltäglichen Lebens oder der sozialen Beziehungen. Es kommt z. B. zu sexuellen Handlungen, die gesellschaftliche Sanktionen nach sich ziehen (z. B. Gerichtsverfahren).

Exploration:		
Patient	•	*Gibt es bei Dir Probleme im sexuellen Bereich?*
Bezugsp	•	*Hat P Probleme in seinem Sexualverhalten oder hinsichtlich seiner sexuellen Entwicklung?*

Abzugrenzende Merkmale:

Sexualisiertes Verhalten .... (13.10)

13.10 Sexualisiertes Verhalten (SF)

Alters- und situationsunangemessene Dominanz sexueller Themen, Inhalte oder Verhaltensweisen im sozialen Austausch oder in der Beschäftigung mit dem eigenen Körper (z. B. sexualisierte Kontaktaufnahme oder exzessives Onanieren).

Beispiel für „Stark ausgeprägte Symptomatik“:

Explor/ Kontext	•	Das sexualisierte Verhalten dominiert oder beeinträchtigt die Beziehung zu anderen erheblich.

Exploration:		
Patient	•	*Beschäftigt Dich Sexualität in besonderer Weise (z. B. besonders stark)?*
Bezugsp	•	*Beschäftigt sich P in altersunangemessener Weise mit Sexualität?*

Abzugrenzende Merkmale: Geschlechtsidentitäts-/sexuelle Störungen .... (13.9)

4 Explorationsleitfaden

Allgemeine Hinweise

Der psychopathologische Befund soll im Anschluß an eine klinische Exploration des Patienten und der Bezugsperson dokumentiert werden. Nicht nur die in **anderen Kontexten** auftretenden Merkmale, sondern auch die **während der Exploration** aktuell vorhandenen Merkmale müssen, soweit sie nicht ausschließlich direkt beobachtbar sind, explizit exploriert werden. Die Beurteilung der aktuellen Symptomatik **während der Exploration** basiert auf Informationen des Patienten (z. B. hinsichtlich seiner akutellen Befindlichkeit) und auf der Beobachtung seines Verhaltens in der Untersuchungssituation. Die Beurteilung der Merkmale, die in **anderen Kontexten** auftreten, stützt sich auf Informationen des Patienten und seiner Begleitperson(en). Die Beurteilung der Merkmalsausprägung in **anderen Kontexten** bezieht sich üblicherweise auf den Zeitraum der letzten sechs Monate. Andere Beurteilungszeiträume sind jedoch möglich und können auf dem Befundbogen eingetragen werden.

Prinzipiell sollen alle Merkmalsgruppen im Verlauf der Untersuchung zumindest orientierend exploriert werden (siehe „orientierende Exploration" im Explorationsleitfaden), da andernfalls das Merkmal oder die Merkmalsgruppe als nicht beurteilbar (9) eingeschätzt werden muß. Allerdings lassen sich bei den Patienten in Abhängigkeit von Alter, intellektuellem Niveau und Symptomatik Auffälligkeiten bei bestimmten Merkmalsgruppen mit großer Wahrscheinlichkeit von vornherein ausschließen. *Wenn sich während der Exploration keine Hinweise auf Auffälligkeiten in einem der folgenden Merkmalsbereiche ergeben, werden diese Merkmalsgruppen nur ab einem bestimmten Alter exploriert.*

7 Zwangsstörungen
- ab dem Alter von 6 Jahren.

11 Denken und Wahrnehmung
- ab dem Alter von 10 Jahren,
- bei Kindern unter 10 Jahren nur bei Hinweis auf intellektuelle Retardierung oder Autismus.

12 Gedächtnis, Orientierung und Bewußtsein
- wenn Hinweise auf intellektuelle Retardierung oder psychotische Symptome vorliegen.

Die Merkmale der *Merkmalsgruppe 1* (Interaktion) sollen bei allen Patienten einzeln erfragt werden. Innerhalb dieser Merkmalsgruppe werden folgende Merkmale nur exploriert, wenn sich Hinweise auf das Vorliegen einer solchen Symptomatik aus dem Gespräch ergeben:

1.7 Verminderte Empathie
1.8 Mangel an sozialer Gegenseitigkeit/ Kommunikation

Die Fragen des Explorationsleitfadens sind als *Einstiegsfragen* und als Vorschläge für die Exploration des Patienten bzw. der Bezugspersonen zu verstehen. Die Fragensammlung des Explorationsleitfadens liegt in zwei Teilen vor. Der erste Teil enthält die Fragenvorschläge für den Patienten, der zweite Teil die Fragen für die Bezugsperson(en). Bei den meisten Merkmalen muß sowohl der Patient als auch die Bezugsperson exploriert werden, um eine adäquate Beurteilung der Merkmalsausprägung in **anderen Kontexten** gewährleisten zu können. Im Leitfaden zur Exploration des Patienten wird „Du“ als Ansprache gewählt. Jugendliche werden jedoch in der Exploration meist mit „Sie“ angesprochen. Das Vorhandensein von Verhaltensmerkmalen in **anderen Kontexten**, die **während der Exploration** auffallen, läßt sich am besten dadurch explorieren, daß der Patient und/oder die Bezugsperson auf das Verhalten hingewiesen und danach befragt werden, ob dieses Verhalten auch sonst auftrete.

Am Ende der freien Exploration soll der Untersucher anhand des Fragenkataloges (geübte Untersucher anhand der Befunddokumentation) jene Merkmale oder Merkmalsgruppen explorieren, die bis zu diesem Zeitpunkt noch nicht beurteilbar sind.

4.1 Leitfaden zur Exploration des Patienten

1	**Interaktion**		(Keine orientierende Exploration, alle Merkmale sollten einzeln exploriert werden.)
1.1	Überangepaßt	sF	• Schließt Du Dich eher der Meinung von anderen an? • Kannst Du Dich schlecht behaupten?
1.2	Scheu/unsicher	sF	• Bist Du schüchtern oder wirst Du leicht unsicher?
1.3	Sozial zurückgezogen/isoliert	SF	• Hast Du wenig Kontakt zu anderen? • Bist Du meistens für Dich alleine?
1.4	Sprechverweigerung/ Mutismus	sF	• Sprichst Du in bestimmten Situationen oder mit bestimmten Personen überhaupt nicht?
1.5	Demonstrativ	F	(Keine Patientenexploration)
1.6	Distanzgemindert/ enthemmt	F	(Keine Patientenexploration)
1.7	Verminderte Empathie	F	(Keine Patientenexploration)
1.8	Mangel an sozialer Gegenseitigkeit/ Kommunikation	F	(Keine Patientenexploration)

2	**Oppositionell-dissoziales Verhalten**		• Hast Du viel Streit? • Gerätst Du öfters in körperliche Auseinandersetzungen? • Fällt es Dir schwer, Regeln einzuhalten – z. B. wenn etwas verboten wird oder daß man andere nicht belügt oder betrügt, daß man nicht stiehlt, daß man nicht von zu Hause wegläuft oder nicht die Schule schwänzt?
2.1	Dominant	sF	• Möchtest Du gerne bestimmen, was andere tun und lassen sollen? • Nimmst Du manchmal wenig Rücksicht auf andere?
2.2	Oppositionell/ verweigernd	sF	• Widersprichst Du häufig Erwachsenen oder hältst Du Dich nicht an ihre ausdrücklichen Verbote? • Hältst Du Dich häufig nicht an Regeln und Grenzen?
2.3	Verbale Aggression	sF	• Beschimpfst Du oder bedrohst Du manchmal andere?
2.4	Körperliche Aggression	sF	• Hast Du manchmal Schlägereien mit anderen? • Benutzt Du dabei etwas als Waffe (z. B. einen Stock)?
2.5	Lügen/Betrügen	sF	• Hintergehst Du andere manchmal oder lügst Du häufiger?
2.6	Stehlen	sF	• Hast Du schon einmal zu Hause Geld gestohlen oder in einem Laden etwas mitgenommen, ohne zu bezahlen?
2.7	Weglaufen/ Schuleschwänzen	sF	• Bist Du schon einmal von zu Hause weggelaufen? • Bist Du dann auch über Nacht weggeblieben? • Hast Du schon einmal für einzelne Stunden oder ganze Tage die Schule geschwänzt?
2.8	Zerstören von Eigentum/Feuerlegen	sF	• Hast Du schon einmal absichtlich zu Hause oder anderswo etwas kaputt gemacht, was Dir nicht gehört? • Hast Du schon einmal irgendwo Feuer gelegt?

3	**Entwicklungs-störungen**		• Kannst Du manche Dinge schlechter als andere Kinder/Jugendliche in Deinem Alter, z. B. beim Sprechen und Verstehen oder beim Sport?
3.1	Intelligenzminderung	F	(Keine Patientenexploration, sondern Prüfung anhand altersangemessener Fragen.)
3.2	Artikulationsstörung	sF	(Beobachtung der Spontansprache; wenn nötig, Worte nachsprechen lassen.) • Kannst Du bestimmte Worte nicht richtig aussprechen?
3.3	Expressive Sprachstörung	F	(Keine Patientenexploration, sondern Beobachtung der Spontansprache, wenn nötig einzelne Sätze nachsprechen lassen.)
3.4	Rezeptive Sprachstörung	sF	(Bei jüngeren Kindern [3–4 J.] Prüfung des Befolgens einfacher Anweisungen [gib mir die Puppe, lege die Puppe auf den Stuhl], bei Schulkindern im Rahmen des Gespräches.) • Verstehst Du manchmal nicht so richtig, was andere sagen?
3.5	Stottern/Poltern	sF	• Stotterst Du manchmal oder sprichst Du sehr hastig und schlecht verständlich?
3.6	Störungen der Motorik	sF	• Bist Du beim Sport oder in Deiner Körperbeherrschung ungeschickter als andere?
3.7	Spielstörung	F	(Keine Patientenexploration, sondern Prüfung durch Spielbeobachtung.)
3.8	Störung schulischer Fertigkeiten	sF	• Hast Du Schwierigkeiten mit den Leistungen in den Hauptfächern (bzw. im Lesen, Schreiben oder Rechnen), während Du in anderen Fächern deutlich bessere Leistungen zeigst?

4	**Aktivität und Aufmerksamkeit**		• Bist Du in Deinen Bewegungen sehr träge oder übermäßig hastig, zappelig und unruhig? • Bist Du leicht ablenkbar oder hast Du Schwierigkeiten, Dich auf ein Spiel oder die Schularbeiten zu konzentrieren?
4.1	Verminderte körperliche Aktivität	sF	• Bist Du eher langsam und bewegst Du Dich nicht so gerne? • Gehst Du körperlichen Aktivitäten eher aus dem Weg?
4.2	Gesteigerte körperliche Aktivität	sF	• Fällt es Dir schwer, ruhig sitzen zu bleiben? • Mußt Du ständig in Bewegung sein?
4.3	Impulsivität	sF	• Platzt Du in der Schule häufig mit der Antwort heraus, ohne vorher zu überlegen oder gefragt zu sein? • Neigst Du zu schnellen oder unüberlegten Handlungen und Entscheidungen, die Dich in Schwierigkeiten bringen können?
4.4	Unaufmerksam/ ablenkbar	sF	• Machst Du häufig Flüchtigkeitsfehler und läßt Dich leicht ablenken? • Verlierst Du häufig Gegenstände oder vergißt Du leicht, was Dir gesagt wird?

5	**Psychomotorik**		• Machst Du besondere Bewegungen oder hast Du plötzliche Zuckungen oder mußt du plötzlich Laute ausstoßen oder hast andere besondere Gewohnheiten?
5.1	Motorische Tics	sF	• Hast Du bei Dir plötzlich auftretende Zuckungen von einzelnen Muskeln oder Körperteilen beobachtet, die Du schwer unterdrücken kannst, z. B. Augenblinzeln oder Schulterzucken?
5.2	Vokale Tics	sF	• Mußt Du plötzlich Laute oder Wörter ausstoßen, die Du nicht unterdrücken kannst und die Du manchmal auch peinlich findest?
5.3	Manierismen/ Stereotypien	sF	• Kommt es vor, daß Du lange Zeit hindurch immer wieder die gleichen Bewegungen machst, z. B. Schaukeln des Körpers, Drehen der Haare oder Wedeln mit den Händen?
5.4	Abnorme Gewohnheiten	sF	• Beißt Du häufig an den Fingernägeln? • Lutscht Du gerne am Daumen oder hast Du andere Gewohnheiten dieser Art?

6	**Angst**		• Hast Du vor bestimmten Dingen oder Situationen Angst oder bist Du ganz allgemein eher ängstlich?
6.1	Trennungsangst	Sf	• Hast Du Angst, daß Deiner Mutter oder Deinem Vater etwas zustoßen könnte und Du dann alleine wärst? • Kannst Du deswegen nicht zur Schule oder aus dem Haus gehen?
6.2	Umschriebene Phobie	Sf	• Hast Du Angst vor Tieren, Dunkelheit, Gewitter, Verletzungen, Arztbesuchen oder anderen Dingen? • Gehst Du diesen Situationen oder Dingen lieber aus dem Weg?
6.3	Leistungsangst	Sf	• Hast Du Angst, in der Schule aufgerufen zu werden und falsche Antworten zu geben oder eine Klassenarbeit mitzuschreiben?
6.4	Soziale Angst	Sf	• Hast Du Angst vor anderen Kindern oder Erwachsenen? • Hast Du Angst, vor der Klasse zu sprechen oder einzukaufen oder Dich einer Gruppe anzuschließen (z. B. Verein)?
6.5	Agoraphobie	Sf	• Hast Du manchmal Angst, aus dem Haus zu gehen oder den Bus zu benutzen oder in die Stadt zu gehen? • Hast Du die Sorge, daß Dir in diesen Situationen schlecht werden könnte?
6.6	Panikattacken	Sf	• Hast Du plötzlich und unerwartet panische Angst, verbunden mit Schweißausbrüchen, Erstickungsgefühlen, Herzrasen oder Todesangst? • Hast Du Angst, solche Anfälle wieder zu bekommen und vermeidest Du deswegen bestimmte Situationen?
6.7	Generalisierte Angst	Sf	• Machst Du Dir über verschiedene Dinge Sorgen, z. B. über Dinge, die auf Dich zukommen, oder daß Du in der Schule nicht mitkommst, daß Deine Eltern erkranken könnten, daß Dir etwas Schlimmes passieren könnte? • Gehen Dir diese Ängste überhaupt nicht mehr aus dem Kopf?

7	**Zwang** [1]		• Gehen Dir immer wieder bestimmte Gedanken durch den Kopf oder mußt Du bestimmte Dinge ständig wiederholen, ohne daß Du Dich davon lösen kannst?
7.1	Zwangsgedanken	Sf	• Gehen Dir immer wieder bestimmte Gedanken durch den Kopf, von denen Du Dich kaum lösen kannst, so daß Du andere Dinge gar nicht mehr tun kannst (z. B. daß Du von Keimen angesteckt wirst oder daß etwas Schlimmes passiert)?
7.2	Zwangshandlungen	SF	• Mußt Du bestimmte Handlungen ständig wiederholen, obwohl sie eigentlich unsinnig sind, z. B. die Hände waschen oder etwas kontrollieren?

1) Falls sich spontan keine Hinweise auf Auffälligkeiten in diesem Bereich ergeben, sollte die Merkmalsgruppe erst ab dem Alter von 6 Jahren exploriert werden.

8	**Stimmung und Affekt**		• Hast Du manchmal eine ausgeprägte Hochstimmung oder eine verstärkte innere Unruhe und Gereiztheit? • Fühlst Du Dich oft traurig oder hast Du eine gedrückte Stimmung oder wenig Selbstvertrauen?
8.1	Depressiv/traurig	Sf	• Fühlst Du Dich traurig und niedergeschlagen oder mußt Du häufig weinen?
8.2	Reizbar/dysphorisch	sF	• Bist Du oft mißmutig oder unausgeglichen oder fährst Du schnell aus der Haut?
8.3	Anhedonie	Sf	• Hast Du kaum Freude an Dingen, die den meisten anderen oder die Dir früher Spaß gemacht haben?
8.4	Mangelndes Selbstvertrauen	Sf	• Hast Du das Gefühl, nichts wert zu sein, nichts zu können oder bei anderen nicht gut anzukommen? • Fühlst Du Dich weniger wert als andere?
8.5	Hoffnungslosigkeit/ Verzweiflung	Sf	• Erlebst Du Deine Situation als ausweglos und verzweifelt und weißt überhaupt nicht, wie es weitergehen soll?
8.6	Schuldgefühle/ Selbstanklage	Sf	• Hast Du Schuldgefühle oder machst Du Dir selbst Vorwürfe, beispielsweise weil jemand Deinetwegen zu Schaden gekommen ist?
8.7	Affektarm	sF	• Rufen traurige oder fröhliche Ereignisse in Dir fast keine Gefühle hervor?
8.8	Interesselosigkeit/ Apathie	SF	• Fühlst Du Dich schwunglos und ohne Kraft und Energie? • Hast Du an nichts mehr Interesse? • Fällt es Dir schwer, einfache Aufgaben zu erledigen?
8.9	Affektlabil	sF	• Verändert sich Deine Stimmung häufig von einer Minute zur anderen und schwankt dabei z. B. zwischen Lachen und Weinen?
8.10	Innere Unruhe/ getrieben	Sf	• Fühlst Du Dich innerlich angespannt, aufgewühlt oder wie unter einem inneren Druck?
8.11	Gesteigertes Selbstwertgefühl/ euphorisch	sF	• Fühlst Du Dich besonders leistungsfähig und gelingt Dir einfach alles? • Traust Du Dir praktisch alles zu? • Bist Du manchmal in Hochstimmung und kann Dich nichts erschüttern?

9	**Eßverhalten**		• Hast Du Probleme mit dem Essen? • Finden andere Dein Eßverhalten auffällig?
9.1	Selbst herbeigeführter Gewichtsverlust	SF	• Hast Du absichtlich an Gewicht abgenommen? • Wie hast Du das gemacht?
9.2	Verminderte/auffällig kontrollierte Nahrungsaufnahme	SF	• Ißt Du insgesamt wenig oder paßt Du sehr genau auf, was Du ißt? • Läßt Du bestimmte Nahrungsmittel weg?
9.3	Heißhunger- und Eßattacken	SF	• Leidest Du unter ausgeprägten Heißhungeranfällen, bei denen Du ungewöhnlich große Nahrungsmengen zu Dir nimmst?
9.4	Erhöhte Nahrungsaufnahme	SF	• Hast Du das Gefühl, daß Du mehr ißt und mehr Appetit hast als andere?
9.5	Rumination	SF	• Hast Du schon mal Speisen wieder hochgewürgt, erneut gekaut und dann wieder geschluckt?
9.6	Pica	SF	• Ißt Du schon mal Dinge, die man eigentlich nicht essen kann?

10	**Körperliche Beschwerden**		• Hast Du irgendwelche körperliche Beschwerden? • Gibt es Probleme mit der Sauberkeit (Einnässen oder Einkoten) oder dem Schlafen?
10.1	Appetitverlust	SF	• Hast Du weniger Appetit als früher?
10.2	Erbrechen	SF	• Mußtest Du in letzter Zeit häufiger erbrechen? • Ist das Erbrechen von selbst aufgetreten oder hast Du es herbeigeführt?
10.3	Einnässen (tagsüber)	SF	• Machst Du manchmal tagsüber in die Hose? • Wie oft passiert Dir das?
10.4	Bettnässen	SF	• Machst Du manchmal nachts ins Bett? • Wie häufig passiert das?
10.5	Einkoten	SF	• Kommt es bei Dir manchmal zu einem Einkoten?
10.6	Schlafprobleme	SF	• Hast Du Probleme mit dem Ein- oder Durchschlafen?
10.7	Dissoziation/ Konversion	SF	• Ist es schon vorgekommen, daß Du Dich an wichtige persönliche und belastende Ereignisse nicht erinnern kannst? • Hast Du ungewöhnliche körperliche Beschwerden, wie Gangstörungen oder Ausfälle in der Sinneswahrnehmung, wie z. B. Taubheitsgefühle oder Blindheit?
10.8	Autonome Dysfunktionen	SF	• Hast Du körperliche Beschwerden, z. B. Herz-Kreislaufbeschwerden?
10.9	Schmerzen	Sf	• Hast Du öfter Schmerzen?
10.10	Fatigue	Sf	• Fühlst Du Dich ständig müde und abgeschlagen?
10.11	Hypochondrie	SF	• Machst Du Dir häufig Sorgen, daß Du ernsthaft krank bist?

11	**Denken und Wahrnehmung**[1)]		• Hast Du das Gefühl, daß sich in der letzten Zeit Deine Wahrnehmung, Dein Erleben, Dein Denken und/oder die Umgebung in ungewöhnlicher Weise verändert haben? • Hast Du in letzter Zeit Dinge erlebt, die Dir merkwürdig vorkamen, die Dich beunruhigten oder sogar Angst machten? • Hast Du in der letzten Zeit irgendwie beobachtet, daß sich die Umgebung oder Du selbst Dich seltsam verändert haben? • Hast Du Dinge wahrgenommen, die andere nicht wahrnehmen (z. B. daß Du etwas hörst, siehst, fühlst, riechst oder schmeckst)? • Hast Du gemerkt, daß Dein Denken umständlich ist oder immer um das gleiche kreist? • Hast Du das Gefühl, als ob Deine Gedanken weggenommen wurden oder sich ausbreiteten?
11.1	Gehemmt/ verlangsamt	SF	• Hast Du das Gefühl, daß Dein Denken nur schwer und schleppend geht?
11.2	Umständlich/ weitschweifig	F	(Keine Patientenexploration)
11.3	Eingeengt	F	(Keine Patientenexploration)
11.4	Perseveration	F	(Keine Patientenexploration)
11.5	Grübeln	Sf	• Kommst Du von bestimmten Gedanken nicht los und quält Dich das sehr?
11.6	Ideenflucht	F	(Keine Patientenexploration)
11.7	Inkohärenz/Zerfahrenheit/Paralogik	F	(Keine Patientenexploration)
11.8	Gedanken-ausbreitung/ -lautwerden/ -eingebung/ -entzug	Sf	• Meinst Du, andere kennen Deine Gedanken oder können wissen oder sogar hören, was Du gerade denkst? • Hast Du manchmal das Gefühl, – daß Du Gedanken hast, die gar nicht von Dir selbst stammen? – daß Deine Gedanken von anderen beeinflußt oder gelenkt werden? – daß Gedanken Dir weggenommen werden können?
11.9	Sensitiv/ mißtrauisch	sF	• Hast Du oft das Gefühl, daß Du sehr vorsichtig und eher mißtrauisch sein mußt, damit Dir nichts geschieht?
11.10	Derealisation/ Depersonalisation	Sf	• Kommt Dir die vertraute Umgebung in letzter Zeit irgend wie verändert oder fremd vor? • Erscheint Dir Deine Umgebung irgendwie unwirklich? • Spürst Du Deinen Körper so wie üblich? • Kommst Du Dir selbst unwirklich oder fremd vor?
11.11	Illusionäre Verkennung	Sf	• Geschieht es öfters, daß Du Dinge als etwas anderes wahrnimmst als andere? (z. B. daß andere sagen, daß es das Rauschen von Blättern sei, Du aber Stimmengewirr hörst?)
11.12	Halluzination	Sf	• Hörst Du Stimmen, obwohl niemand in der Nähe ist, oder siehst Du Personen oder Gegenstände, die andere nicht sehen können? • Haben Speisen oder Getränke einen anderen Geschmack als früher oder bemerkst Du seltsame Gerüche?
11.13	Wahn	sF	• Hast Du das Gefühl, daß irgend etwas Seltsames vor sich geht, daß alles unheimlich ist?

11.13	Wahn (Fortsetzung)		• Haben bestimmte Dinge in der Umgebung eine besondere Bedeutung für Dich bekommen? • Hast Du in der letzten Zeit das Gefühl, daß viele Dinge um Dich herum passiert sind, die alle etwas mit Dir zu tun haben oder daß Leute ständig Anspielungen auf Dich machen? • Hast Du das Gefühl, daß Dir jemand etwas Böses oder Schlechtes antun will? • Hast Du das Gefühl, daß Du Dich schuldig gemacht hast? • Hast Du besondere oder ungewöhnliche Fähigkeiten oder Kräfte, über die andere Menschen nicht verfügen können?

1) Falls sich spontan keine Hinweise auf Auffälligkeiten in diesem Bereich ergeben und keine Hinweise auf Autismus/intellektuelle Retardierung vorliegen, sollte die Merkmalsgruppe erst ab dem Alter von 10 Jahren exploriert werden.

12	**Gedächtnis, Orientierung und Bewußtsein**[1]		• Hast Du Probleme, Dir Dinge zu merken oder Dich an wichtige Ereignisse zu erinnern? • Weißt Du manchmal nicht wer Du bist oder wo Du bist? • Bist Du meist sehr müde oder schläfrig?
12.1	Merkfähigkeits-/ Gedächtnisstörungen	sF	• Hast Du Probleme, neu gelernte Namen oder Begriffe zu behalten oder Dich an wichtige Ereignisse zu erinnern? Prüfung der Merkfähigkeit in der Untersuchungssituation durch Vorgabe von drei Begriffen in altersgemäßer Form (z. B. 17, Köln, Tasse).
12.2	Orientierungs-störungen	sF	Prüfung der Orientierung in der Untersuchungssituation (in altersangemessener Form): • Welcher Wochentag ist heute? • In welcher Stadt (welchem Stadtteil) sind wir hier? • Wo sind wir hier und warum bist Du gekommen? • Sage mir bitte, wann und wo Du geboren wurdest? • Wo wohnst Du?
12.3	Störungen der Wachheit/ des Bewußtseins	sF	• Prüfung des Wachheitszustandes und der qualitativen Aspekte des Bewußtseins in der Untersuchungssituation. • Bist Du schläfrig oder müde? • Nimmst Du Deine Umwelt intensiver, stärker oder deutlicher wahr als sonst?

1) Diese Merkmalsgruppe nur explorieren, wenn sich spontan Hinweise auf Auffälligkeiten in diesem Bereich ergeben oder bei Hinweisen auf psychotische Symptome/intellektuelle Retardierung.

13	**Andere**		• Gibt es noch andere Probleme, die wir bisher nicht angesprochen haben?
13.1	Abnorme Bindungen an Objekte	sF	• Gibt es Gegenstände, die Dir ganz besonders wichtig sind und ohne Die Du nicht sein kannst? • Was machst Du mit diesen Gegenständen?
13.2	Abnorme Vorlieben/ Interessen	sF	• Beschäftigst Du Dich sehr viel mit besonderen Dingen oder hast Du besondere Interessen, die andere kaum haben?
13.3	Selbstverletzendes Verhalten	SF	• Hast Du Dich schon einmal selbst verletzt oder Dir selbst Schmerzen zugefügt?
13.4	Suizidgedanken	Sf	• Kommt Dir manchmal der Gedanke, daß Du nicht mehr leben möchtest? • Hast Du vor, Dir das Leben zu nehmen?

13.5	Suizidale Handlungen	SF	• Hast Du versucht Dich umzubringen oder Vorbereitungen zu einer Selbsttötung getroffen?
13.6	Alkoholmißbrauch	SF	• Trinkst Du regelmäßig oder wiederholt zuviel Alkohol?
13.7	Drogenmißbrauch	SF	• Nimmst Du regelmäßig oder wiederholt Drogen oder Medikamente ein, die nicht vom Arzt verschieben wurden?
13.8	Körperschema-Störung	sF	• Hast Du das Gefühl, zu dick oder unförmig zu sein oder daß einzelne Körperteile Dich entstellen?
13.9	Geschlechts-identitäts-/ sexuelle Störungen	SF	• Gibt es bei Dir Probleme im sexuellen Bereich?
13.10	Sexualisiertes Verhalten	SF	• Beschäftigt Dich Sexualität in besonderer Weise (z. B. besonders stark)?
13.11	Nicht andernorts beschrieben	SF	• Gibt es noch andere Probleme, die wir bisher nicht angesprochen haben?

4.2 Leitfaden zur Exploration der Bezugsperson(en)

1	**Interaktion**		(Keine orientierende Exploration, alle Merkmale sollten einzeln exploriert werden.)
1.1	Überangepaßt	sF	• Übernimmt P eher die Meinungen oder die Wünsche anderer anstelle seiner/ihrer eigenen? • Versucht P, es immer allen Recht zu machen?
1.2	Scheu/unsicher	sF	• Ist P ein sehr zurückhaltendes Kind? • Hat P große Hemmungen, aus sich heraus zu gehen?
1.3	Sozial zurückgezogen/isoliert	SF	• Nimmt P kaum Kontakt zu anderen auf? • Ist P überwiegend alleine?
1.4	Sprechverweigerung/ Mutismus	sF	• Spricht P in bestimmten Situationen oder mit bestimmten Personen überhaupt nicht?
1.5	Demonstrativ	F	• Wirkt das Verhalten von P unecht? • Muß P sich ständig darstellen? • Braucht P in übertriebenem Maße die ständige Aufmerksamkeit seiner/ihrer Umgebung?
1.6	Distanzgemindert/ enthemmt	F	• Hält P gegenüber fremden Personen keine Distanz ein? • Wird P viel zu schnell vertraulich?
1.7	Verminderte Empathie 1)	F	• Haben Sie den Eindruck, daß P die Gefühle von anderen nicht richtig wahrnimmt und nicht auf sie eingehen kann?
1.8	Mangel an sozialer Gegenseitigkeit/ Kommunikation 1)	F	• Ist P unfähig, mit anderen Menschen in einen wechselseitigen Austausch und Kontakt zu treten? • Reagiert P kaum auf andere oder nimmt P kaum Blickkontakt zu anderen auf?

1) Merkmal wird nur exploriert, wenn sich spontan Hinweise auf Auffälligkeiten in diesem Bereich ergeben.

2	**Oppositionell-dissoziales Verhalten**		• Hat P viel Streit oder versucht P häufig, andere zu bestimmen? • Kommt es durch P wiederholt zu verbalen oder körperlichen Aggressionen? • Fällt es P schwer, sich an allgemeine Regeln zu halten – z. B. wenn etwas verboten wird oder daß man andere nicht belügt oder betrügt, daß man nicht stiehlt, daß man nicht von zu Hause wegläuft oder nicht die Schule schwänzt?
2.1	Dominant	sF	• Haben Sie den Eindruck, daß P immer bestimmen will, was andere tun und lassen sollen? • Setzt P sich ohne Rücksicht auf andere durch?
2.2	Oppositionell/ verweigernd	sF	• Widerspricht P häufig oder handelt P häufig gegen ausdrückliche Verbote? • Hält P sich häufig nicht an Regeln und Grenzen?
2.3	Verbale Aggression	sF	• Beschimpft oder bedroht P andere?
2.4	Körperliche Aggression	sF	• Gerät P manchmal in körperliche Auseinandersetzungen mit anderen? • Benutzt P dabei etwas als Waffe (z. B. einen Stock)?
2.5	Lügen/Betrügen	sF	• Hintergeht P Sie oder andere manchmal oder belügt P Sie oder andere häufiger?

2.6	Stehlen	sF	• Hat P schon einmal zu Hause oder anderswo Geld oder einen Gegenstand gestohlen? • Hat es deswegen Schwierigkeiten mit der Polizei oder dem Jugendamt gegeben?
2.7	Weglaufen/ Schuleschwänzen	sF	• Ist P schon einmal von zu Hause weggelaufen? • Ist P dann auch über Nacht weggeblieben, ohne daß Sie wußten, wo P war? • Hat P schon einmal die Schule für einzelne Stunden oder ganze Tage geschwänzt?
2.8	Zerstören von Eigentum/Feuerlegen	sF	• Hat P schon einmal absichtlich zu Hause oder anderswo etwas zerstört, was P nicht gehört? • Hat P schon einmal irgendwo Feuer gelegt?

3	**Entwicklungsstörungen**		• Haben Sie bei P Anzeichen einer allgemeinen Verzögerung der Entwicklung oder Anzeichen einer Beeinträchtigung einzelner Entwicklungsbereiche beobachtet, wie z. B. der Sprache oder der Körperbeherrschung?
3.1	Intelligenzminderung	F	• Ist P in seiner/ihrer geistigen Entwicklung zurückgeblieben? • Muß P deshalb eine spezielle Einrichtung besuchen oder kontinuierlich betreut werden?
3.2	Artikulationsstörung	sF	• Spricht P undeutlich oder schlecht verständlich? • Kann P einzelne Laute (Buchstaben) nicht richtig aussprechen?
3.3	Expressive Sprachstörung	F	• Fällt es P schwer, in vollständigen und richtigen Sätzen zu sprechen?
3.4	Rezeptive Sprachstörung	sF	• Haben Sie den Eindruck, daß P vieles von dem nicht versteht, was Sie P sagen?
3.5	Stottern/Poltern	sF	• Stottert P oder spricht P sehr hastig und schlecht verständlich?
3.6	Störungen der Motorik	sF	• Ist P in der Entwicklung seiner/ihrer Körperbeherrschung zurückgeblieben?
3.7	Spielstörung	F	• Wirkt das Spielverhalten von P auf Sie auffällig? • Ist das Spiel von P phantasiearm oder wenig ausdauernd?
3.8	Störung schulischer Fertigkeiten	sF	• Hat P Schwierigkeiten mit den Leistungen in den Hauptfächern (bzw. im Lesen, Schreiben oder Rechnen), während P in anderen Fächern deutlich bessere Leistungen zeigt?

4	**Aktivität und Aufmerksamkeit**		• Ist P in seinen Bewegungen sehr träge oder übermäßig hastig, zappelig und unruhig? • Ist P leicht ablenkbar oder hat P Schwierigkeiten, sich auf ein Spiel oder die Schularbeiten zu konzentrieren?
4.1	Verminderte körperliche Aktivität	sF	• Ist P bei alltäglichen Handlungen eher langsam? • Geht P körperlichen Aktivitäten gerne aus dem Weg?
4.2	Gesteigerte körperliche Aktivität	sF	• Ist P außerordentlich unruhig oder ständig in Bewegung?

4.3	Impulsivität	sF	• Neigt P dazu, schnell und unüberlegt zu handeln? • Führt dies z. B. zu Schwierigkeiten bei den Hausaufgaben? • Kann P schlecht abwarten, bis P an der Reihe ist?
4.4	Unaufmerksam/ ablenkbar	sF	• Läßt sich P beim Spiel oder bei den Schularbeiten leicht ablenken – beispielsweise durch Geräusche oder durch andere Personen? • Fällt es P schwer, sich zu konzentrieren?

5	**Psychomotorik**		• Fallen Ihnen bei P besondere Bewegungen oder plötzliche Zuckungen auf oder muß P Laute ausstoßen oder hat P andere besondere Gewohnheiten?
5.1	Motorische Tics	sF	• Haben Sie bei P plötzlich auftretende Zuckungen einzelner Muskeln oder Körperteile beobachtet, die P offensichtlich nur schwer unterdrücken kann, z. B. Augenblinzeln oder Schulterzucken?
5.2	Vokale Tics	sF	• Muß P plötzlich Laute oder Wörter ausstoßen, die P offensichtlich nicht unterdrücken kann und die P manchmal auch sehr peinlich sind?
5.3	Manierismen/ Stereotypien	sF	• Kommt es vor, daß P lange Zeit hindurch immer wieder die gleichen Bewegungen macht, z. B. Schaukeln des Körpers, Drehen der Haare oder Wedeln mit den Händen?
5.4	Abnorme Gewohnheiten	sF	• Beißt P häufig an den Fingernägeln? • Lutscht P gerne am Daumen oder hat P andere Gewohnheiten dieser Art?

6	**Angst**		• Hat P vor bestimmten Dingen oder Situationen Angst oder ist P ganz allgemein eher ängstlich?
6.1	Trennungsangst	Sf	• Kann P aus Angst, allein zu sein, nicht getrennt von Ihnen schlafen? • Kann P sich von Ihnen auch für eine kurze Zeit nicht trennen?
6.2	Umschriebene Phobie	Sf	• Hat P Angst vor Tieren, Dunkelheit, Gewitter, Verletzungen, Arztbesuchen oder anderen Dingen? • Geht P diesen Situationen oder Dingen lieber aus dem Weg?
6.3	Leistungsangst	Sf	• Haben Sie den Eindruck, daß P Angst vor Leistungsanforderungen, z. B. Klassenarbeiten hat?
6.4	Soziale Angst	Sf	• Hat P Angst vor anderen Kindern oder Erwachsenen? • Hat P Angst, vor der Klasse zu sprechen oder einzukaufen oder sich einer Gruppe anzuschließen (z. B. Verein)?
6.5	Agoraphobie	Sf	• Hat P manchmal Angst, aus dem Haus zu gehen oder den Bus zu benutzen oder in die Stadt zu gehen?

			• Haben Sie den Eindruck, daß P Angst hat, daß P in diesen Situationen schlecht werden könnte?
6.6	Panikattacken	Sf	• Hat P plötzlich und unerwartet panische Angst, verbunden mit Schweißausbrüchen, Erstickungsgefühlen, Herzrasen oder Todesangst? • Hat P Angst, solche Anfälle wieder zu bekommen und vermeidet P deswegen bestimmte Situationen?
6.7	Generalisierte Angst	Sf	• Erzählt P, vor vielen Dingen Angst und Sorgen zu haben, z. B. vor Dingen, die auf P zukommen, in der Schule nicht mitzukommen, daß die Eltern oder Geschwister erkranken könnten, daß etwas Schlimmes passieren könnte? • Haben Sie den Eindruck, daß P fast immer mit verschiedenen Ängsten und Sorgen beschäftigt ist?

7	**Zwang**[1)]		• Haben Sie den Eindruck, daß P immer wieder bestimmte Gedanken durch den Kopf gehen oder muß P bestimmte Dinge ständig wiederholen muß, ohne sich davon lösen zu können?
7.1	Zwangsgedanken	Sf	• Ist Ihnen aufgefallen, daß P sich immer wieder mit bestimmten Gedanken beschäftigt, von denen P sich kaum lösen kann, so daß P andere Dinge gar nicht mehr tun kann (z. B. daß P von Keimen angesteckt wird oder daß etwas Schlimmes passiert)?
7.2	Zwangshandlungen	SF	• Muß P bestimmte Handlungen ständig wiederholen, obwohl sie eigentlich unsinnig sind, z. B. die Hände waschen oder etwas kontrollieren?

1) Falls sich spontan keine Hinweise auf Auffälligkeiten in diesem Bereich ergeben, sollte die Merkmalsgruppe erst ab dem Alter von 6 Jahren exploriert werden.

8	**Stimmung und Affekt**		• Hat P manchmal eine ausgeprägte Hochstimmung oder eine verstärkte innere Unruhe und Gereiztheit? • Haben Sie den Eindruck, daß P eher traurig ist oder daß P wenig Selbstvertrauen hat?
8.1	Depressiv/ traurig	Sf	• Muß P häufig weinen oder wirkt P traurig und niedergeschlagen?
8.2	Reizbar/ dysphorisch	sF	• Ist P oft gereizt, mißmutig oder unausgeglichen oder gerät P schnell aus dem Gleichgewicht?
8.3	Anhedonie	Sf	• Wirkt P freud- und lustlos bei Dingen, die den meisten anderen Gleichaltrigen Spaß machen oder die P früher Spaß gemacht haben?
8.4	Mangelndes Selbstvertrauen	Sf	• Traut P sich nichts zu oder glaubt P, bei anderen nicht gut anzukommen? • Hat P ausgeprägte Selbstwertprobleme?
8.5	Hoffnungslosigkeit/ Verzweiflung	Sf	• Haben Sie den Eindruck, daß P die eigene Situation als ausweglos und verzweifelt erlebt?

			• Haben Sie den Eindruck, daß P nicht mehr weiß, wie es weitergehen soll?
8.6	Schuldgefühle/ Selbstanklage	Sf	• Leidet P unter nicht gerechtfertigten Schuldgefühlen oder macht P sich übermäßige Vorwürfe wegen seiner/ihrer eigenen Handlungen?
8.7	Affektarm	sF	• Zeigt P bei freudigen oder traurigen Anlässen wenig bis keine Gefühle?
8.8	Interesselosigkeit/ Apathie	SF	• Wirkt P schwunglos oder wie ohne Kraft und Energie? • Hast P an nichts mehr Interesse? • Fällt es P schwer, auch einfache Aufgaben zu erledigen?
8.9	Affektlabil	sF	• Verändert sich die Stimmung von P häufig von einer Minute zur anderen und schwankt P dabei z. B. zwischen Lachen und Weinen?
8.10	Innere Unruhe/ getrieben	Sf	• Wirkt P häufig so, als ob P innerlich angespannt und aufgewühlt sei oder wie unter einem inneren Druck stehe?
8.11	Gesteigertes Selbstwertgefühl/euphorisch	sF	• Haben Sie den Eindruck, daß P sich besonders leistungsfähig fühlt und meint, daß ihm einfach alles gelingt? • Traut P sich praktisch alles zu und kennt dabei keine Grenzen? • Ist P manchmal in Hochstimmung und besteht der Eindruck, daß P durch nichts zu erschüttern ist?

9	**Eßverhalten**		• Hat P Probleme mit dem Essen? • Hat P ein auffälliges Eßverhalten?
9.1	Selbst herbeigeführter Gewichtsverlust	SF	• Hast P absichtlich an Gewicht verloren? • Wie hat P das gemacht?
9.2	Verminderte/ auffällig kontrollierte Nahrungsaufnahme	SF	• Ißt P insgesamt wenig oder paßt P sehr genau auf, was P ißt? • Läßt P bestimmte Nahrungsmittel weg?
9.3	Heißhunger- und Eßattacken	SF	• Leidet P unter ausgeprägten Heißhungeranfällen, bei denen P ungewöhnlich große Nahrungsmengen zu sich nimmt?
9.4	Erhöhte Nahrungsaufnahme	SF	• Ißt P deutlich mehr als andere und kann P seinen Appetit schlecht beherrschen?
9.5	Rumination	SF	• Ist Ihnen aufgefallen, daß P Speisen wieder hochwürgt, erneut kaut und dann wieder schluckt?
9.6	Pica	SF	• Ißt P Dinge, die nicht zum Essen bestimmt sind?

10	**Körperliche Beschwerden**		• Hat P irgendwelche körperliche Beschwerden? • Gibt es Probleme mit der Sauberkeit (Einnässen oder Einkoten) oder dem Schlafen?
10.1	Appetitverlust	SF	• Hat P weniger Appetit als früher oder ißt P nur mit Widerwillen und müssen Sie P zum Essen anhalten?

10.2	Erbrechen	SF	• Mußte P in letzter Zeit häufiger erbrechen? • Ist das Erbrechen von selbst aufgetreten oder hat P es herbeigeführt?
10.3	Einnässen (tagsüber)	SF	• Näßt P tagsüber ein? • Wie häufig tritt das auf?
10.4	Bettnässen	SF	• Näßt P nachts ein? • Wie häufig tritt das auf?
10.5	Einkoten	SF	• Kotet P noch ein?
10.6	Schlafprobleme	SF	• Hat P Probleme mit dem Ein- oder Durchschlafen?
10.7	Dissoziation/ Konversion	SF	• Kann P sich an wichtige persönliche und belastende Ereignisse nicht erinnern? • Hat P ungewöhnliche körperliche Beschwerden, wie Gangstörungen oder Ausfälle in der Sinneswahrnehmung, wie z. B. Taubheitsgefühle oder Blindheit?
10.8	Autonome Dysfunktionen	Sf	• Hat P körperliche Beschwerden, z. B. Herz-Kreisaufbeschwerden?
10.9	Schmerzen	Sf	• Hat P öfter Schmerzen?
10.10	Fatigue	Sf	• Fühlt P sich ständig müde, abgeschlagen und nicht leistungsfähig?
10.11	Hypochondrie	SF	• Macht P sich häufig Sorgen, daß P eine ernsthafte Erkrankung haben könnte?

11	**Denken und Wahrnehmung**[1)]		Haben Sie das Gefühl, daß sich bei P in der letzten Zeit Wahrnehmung, Erleben und Denken in ungewöhnlicher Weise verändert haben: • Erzählte P in letzter Zeit von Dingen, die ihm merkwürdig vorkamen, ihn beunruhigten oder ihm sogar Angst machten? • Machte P z. B. in der letzten Zeit Bemerkungen, daß sich die Umgebung oder P sich selbst seltsam veränderten? • Hatten Sie den Eindruck, daß P Dinge wahrnahm, die andere nicht wahrnahmen (z. B. daß P etwas hörte, sah, fühlte, roch oder schmeckte)? • Äußerte P z. B. das Gefühl, daß ihm seine Gedanken weggenommen würden oder sich ausbreiteten? • Wirkte P in seinem Denken umständlich und verändert oder hatten Sie den Eidruck, daß seine Gedanken immer um das Gleiche kreisten?
11.1	Gehemmt/ verlangsamt	SF	• Wirkt P in seinem/ihrem Denken verlangsamt?
11.2	Umständlich/ weitschweifig	F	• Ist P sehr umständlich und weitschweifig, wenn P etwas erzählt? • Verliert P sich oft in unwichtigen Einzelheiten?
11.3	Eingeengt	F	• Kreist das Denken von P immer um ein und dasselbe Thema?
11.4	Perseveration	F	• Bleibt P im Gespräch häufig haften, indem P immer wieder das Gleiche wiederholt?

11.5	Grübeln	Sf	• Berichtet P über quälende Gedanken, von denen P sich nicht lösen kann?
11.6	Ideenflucht	F	• Springt P während eines Gespräches häufig von einem Thema zum anderen, so daß man ihm nicht mehr richtig folgen kann?
11.7	Inkohärenz/Zerfahrenheit/Paralogik	F	• Spricht P so zerfahren, daß man den Sinn nicht mehr verstehen kann?
11.8	Gedanken -ausbreitung/ -lautwerden/ -eingebung/ -entzug	Sf	• Haben Sie den Eindruck, P könnte glauben, daß andere seine/ihre Gedanken kennen oder wissen oder sogar hören, was P gerade denkt? • Hat P schon einmal geäußert, – daß P Gedanken hat, die gar nicht von P selbst stammen? – daß die Gedanken von P von anderen beeinflußt oder gelenkt werden? – daß P meint, Gedanken könnten P weggenommen werden?
11.9	Sensitiv/ mißtrauisch	sF	• Haben Sie den Eindruck, daß P ungewöhnlich mißtrauisch ist und selbst belanglose Ereignisse oder Aussagen auf sich bezieht?
11.10	Derealisation/ Depersonalisation	Sf	• Haben Sie den Eindruck, daß P die vertraute Umgebung in letzter Zeit irgendwie verändert oder fremd vorkommt? • Haben Sie den Eindruck, daß P seinen Körper als unwirklich oder fremd erlebt?
11.11	Illusionäre Verkennung	Sf	• Ist es vorgekommen, daß P häufiger etwas wirklich Vorhandenes falsch wahrnimmt oder falsch interpretiert, z. B. das Rauschen von Blättern als Stimmengewirr?
11.12	Halluzination	Sf	• Haben Sie den Eindruck, daß P Stimmen hört, obwohl niemand in der Nähe ist oder daß P Personen oder Gegenstände sieht, die andere nicht sehen können? • Haben Sie den Eindruck, daß Speisen oder Getränke für P einen anderen Geschmack als früher haben oder daß P seltsame Gerüche bemerkt?
11.13	Wahn	sF	Haben Sie den Eindruck, • daß P das Gefühl hat, daß irgend etwas Seltsames vor sich geht oder daß alles unheimlich ist? • daß bestimmte Dinge in der Umgebung eine besondere Bedeutung für P bekommen haben? • daß P in der letzten Zeit das Gefühl hat, daß viele Dinge passiert sind, die alle etwas mit P tun haben oder daß Leute ständig Anspielungen auf P machen? • daß P das Gefühl hat, daß jemand P etwas Böses oder Schlechtes antun will? • daß P meint, daß P sich schuldig gemacht hat? • daß P denkt, daß er/sie besondere oder ungewöhnliche Fähigkeiten oder Kräfte hat, über die andere Menschen nicht verfügen können?

1) Falls sich spontan keine Hinweise auf Auffälligkeiten in diesem Bereich ergeben und keine Hinweise auf Autismus/intellektuelle Retardierung vorliegen, sollte die Merkmalsgruppe erst ab dem Alter von 10 Jahren exploriert werden.

12	**Gedächtnis, Orientierung und Bewußtsein**[1)]		• Hat P Probleme, sich Dinge zu merken oder sich an wichtige Ereignisse zu erinnern? • Haben Sie den Eindruck, daß P manchmal nicht weiß, wer er/sie ist oder wo er/sie ist? • Wirkt P benommen oder schläfrig?
12.1	Merkfähigkeits-/ Gedächtnisstörungen	sF	• Hat P Probleme, neu gelernte Namen oder Begriffe zu behalten oder sich an wichtige Ereignisse zu erinnern?
12.2	Orientierungs-störungen	sF	• Hat P Schwierigkeiten, sich hinsichtlich der Zeit, des Ortes, der Situation oder hinsichtlich der eigenen Person zurechtzufinden?
12.3	Störungen der Wachheit/ des Bewußtseins	sF	• Wirkt P benommen, schläfrig oder apathisch oder reagiert P nicht mehr auf die Umgebung oder nur noch auf ganz bestimmte Dinge? • Berichtet P von einer intensiveren und stärkeren Wahrnehmung seiner/ihrer Umwelt?

1) Diese Merkmalsgruppe nur explorieren, wenn sich spontan Hinweise auf Auffälligkeiten in diesem Bereich ergeben oder bei Hinweisen auf psychotische Symptome/intellektuelle Retardierung.

13	**Andere**		• Gibt es noch andere Probleme, die wir bisher nicht angesprochen haben?
13.1	Abnorme Bindungen an Objekte	sF F	• Beschäftigt P sich nahezu ausschließlich mit bestimmten Gegenständen, ohne mit ihnen funktionsgerecht zu spielen, z. B. indem P bei Spielsachen nur die Oberfläche befühlt oder an ihnen riecht?
13.2	Abnorme Vorlieben/ Interessen	sF	• Beschäftigt sich P nahezu ausschließlich mit ungewöhnlichen Interessen, z. B. mit Verkehrsmitteln, Fahrplänen, Telefonbüchern?
13.3	Selbstverletzendes Verhalten	SF	• Fügt P sich selbst Verletzungen oder Schmerzen zu, z. B. durch Kratzen oder Ritzen der Haut oder durch Haare ausreißen oder indem P den Kopf an die Wand schlägt?
13.4	Suizidgedanken	Sf	• Spricht P davon, daß P nicht mehr leben will, daß das Leben keinen Sinn macht oder daß P sich umbringen will? • Hat P vor, sich das Leben zu nehmen?
13.5	Suizidale Handlungen	SF	• Hat P versucht sich umzubringen oder Vorbereitungen zu einer Selbsttötung getroffen?
13.6	Alkoholmißbrauch	SF	• Trinkt P regelmäßig oder wiederholt in übermäßigen Mengen Alkohol?
13.7	Drogenmißbrauch	SF	• Nimmt P regelmäßig oder wiederholt Drogen oder Medikamente ein, die nicht vom Arzt verschieben wurden?
13.8	Körperschema-Störung	sF	• Hat P das Gefühl, zu dick oder unförmig zu sein oder daß einzelne Körperteile entstellt sind?
13.9	Geschlechts-identitäts-/ sexuelle Störungen	SF	• Hat P Probleme in seinem Sexualverhalten oder hinsichtlich seiner/ihrer sexuellen Entwicklung?
13.10	Sexualisiertes Verhalten	SF	• Beschäftigt sich P in altersunangemessener Weise mit Sexualität?
13.11	Nicht andernorts beschrieben	SF	• Gibt es noch andere Probleme, die wir bisher nicht angesprochen haben?

5 Empirische Ergebnisse

Vorversionen des *Psychopathologischen Befund-Systems für Kinder und Jugendliche (CASCAP-D)* wurden bislang an mehreren klinischen Stichproben überprüft. Die Ergebnisse dieser publizierten Studien werden in diesem Kapitel zusammenfassend dargestellt. Nach der kurzen Beschreibung der einzelnen Studien wird eine Übersicht über Ergebnisse zu folgenden Aspekten gegeben:

- Häufigkeitsverteilung der Merkmalsausprägungen für die Beurteilungen der Merkmale *während der Exploration* und *in anderen Kontexten.*
- Faktorielle Validität des Instrumentes, anhand von Faktorenanalysen der häufigsten Merkmale sowohl *während der Exploration* als auch *in anderen Kontexten.*
- Zusammenfassung einzelner Items zu Symptomskalen anhand der Ergebnisse der Faktorenanalysen sowie inhaltlicher Gesichtspunkte und anhand von Konsistenzanalysen.
- Konvergente und diskriminante Validität der Skalen, durch Überprüfung der Korrelationen zwischen den einzelnen Symptomskalen.

5.1 Übersicht über die Studien

Bislang wurden drei Studien mit Vorversionen des *Psychopathologischen Befund-Systems für Kinder und Jugendliche (CASCAP-D)* an klinischen Stichproben durchgeführt:

Köln-Studie 1

Die erste Studie wurde mit Version 2 der *Psychopathologischen Befund-Dokumentation für Kinder und Jugendliche* durchgeführt (Döpfner & Lehmkuhl, 1994). In dieser Version werden insgesamt 100 Merkmale beurteilt, die in 15 Merkmalsbereichen zusammengefaßt sind. Im Vergleich zu CASCAP-D werden in dieser Fassung vor allem die Merkmalsbereiche *Angst, Körperliche Beschwerden, Entwicklungsstörungen, Stimmung und Affekt* sowie *Eßverhalten* weniger differenziert erfaßt, während der Merkmalsbereich *Denken und Wahrnehmung* besonders ausführlich abgebildet wird. Außerdem werden im Merkmalsbereich *Interaktion* die einzelnen Merkmale für die Untersuchungssituation hinsichtlich des Interaktionsverhaltens gegenüber der Bezugsperson und dem Untersucher gegenüber getrennt beurteilt. In dieser Studie wurden 420 Patienten einer konsekutiven Inanspruchnahmestichprobe der Klinik für Psychiatrie und Psychotherapie des Kindes- und Jugendalters der Universität zu Köln beurteilt. 8 % der Patienten wurden stationär behandelt. Der Altersmedian lag bei 10;9 Jahren. Über 70 % der Patienten waren jünger als 14 Jahre.

Köln-Studie 2

Die zweite Studie (Döpfner et al., 1993 a; 1994 b) wurde mit Version 3 der *Psychopathologischen Befund-Dokumentation für Kinder und Jugendliche* durchgeführt. In dieser Version werden insgesamt 113 Merkmale beurteilt, die in 16 Merkmalsbereichen zusammengefaßt sind. Im Vergleich zu CASCAP-D werden in Version 3 vor allem der Merkmalsbereich *Denken und Wahrnehmung* differenzierter erfaßt, während *Entwicklungsstörungen* und *Stimmung und Affekt* (depressive Symptome) weniger umfassend erhoben werden. Außerdem werden im Merkmalsbereich *Interaktion* die einzelnen Merkmale für die Untersuchungssituation hinsichtlich des Interaktionsverhaltens gegenüber der Bezugsperson und dem Untersucher gegenüber getrennt beurteilt. Die Stichprobe bestand aus 597 konsekutiv aufgenommenen Patienten der Klinik für Psychiatrie und Psychotherapie des Kindes- und Jugendalters der Universität zu Köln, die bei Behandlungsbeginn beurteilt wurden (Erhebungszeitraum: 1 Jahr). 6,4 % dieser Patienten wurden stationär behandelt. Der Altersmedian liegt bei 10;11 Jahren (Spannweite 1;0 bis 22;11 Jahre). 64 % der Patienten sind männlichen Geschlechtes.

Die nach dem Erstkontakt gestellten Aufnahmediagnosen nach ICD-10 wurden zu Diagnosegruppen zusammengefaßt. Es zeigt sich die in kinderpsychiatrischen Inanspruchnahmepopulationen typische Häufung expansiver Verhaltensstörungen (hyperkinetischer Störungen und Störungen des Sozialverhaltens), die in dieser Stichprobe einen Anteil von über 38 % erreichen.

Multizentrische Studie

Die dritte Studie ist eine multizentrische Untersuchung (Wolff-Metternich, 1995; Döpfner et al., 1997 b), die ebenfalls mit Version 3 der *Psychopathologischen Befund-Dokumentation für Kinder und Jugendliche* durchgeführt wurde. Die Stichprobe besteht aus N = 5027 Patienten aus Inanspruchnahmepopulationen von vier kinder- und jugendpsychiatrischen Universitätskliniken und Polikliniken (in Köln, Berlin/Virchow-Klinikum, Frankfurt und Zürich). Die Stichprobe umfaßt Patienten, die im Zeitraum von 1992 bis 1994 an den Kliniken vorgestellt wurden und die anhand der *Psychopathologischen Befund-Dokumentation* beurteilt worden waren. Die Beurteilung erfolgte routinemäßig nach den ersten Kontakten. Da die in dieser Studie ausgewertete Version nicht zum gleichen Zeitpunkt in den beteiligten Kliniken und Polikliniken in die Routineanwendung eingeführt wurde, unterscheiden sich die Zeiträume, in denen die vorgestellten Patienten nach dem Befund-System beurteilt wurden. Dies trägt zu den unterschiedlichen Stichprobengrößen bei (siehe Tab. 2). Die Altersmittelwerte liegen zwischen 10,0 und 11,4 Jahren und sind damit zwar signifikant unterschiedlich verteilt, absolut gesehen jedoch gering. Die Jungen-Mädchen-Verteilung unterscheidet sich in den vier Kliniken nicht signifikant, während beim Anteil der ambulant gegenüber stationär oder teilstationär behandelten Patienten signifikante Unterschiede feststellbar sind. Dabei ist die größte Differenz zwischen Frankfurt mit einem Anteil von 85,8 % und Berlin mit einem Anteil von 95,8 % ambulant Behandelter festzustellen.

Tabelle 2:
Stichprobenbeschreibung der multizentrischen Studie (Döpfner et al., 1997b)

Merkmal	Berlin[1)]	Frankfurt	Köln	Zürich
N (%)	1296 (26 %)	409 (8 %)	1346 (27 %)	1976 (39 %)
Alter (Mittelwert	10;19	11;35	11;09	10;01
Anteil Jungen	60,7 %	61,4 %	65,4 %	61,5
Anteil ambulant	95,8 %	85,8 %	89,9 %	95,5

1) Virchow-Klinikum

Tabelle 3:
Relative Häufigkeit von Achse-1–Diagnosen nach ICD-10 in der multizentrischen Studie (Döpfner et al., 1997b)

	Köln	Frankfurt	Berlin	Zürich
Auf Achse 1 unauffällig	20,7	17,6	18,9	25,0
Schizophrenieforme Störungen[1)]	1,7	2,2	1,1	0,3
Depressive Störungen[2)]	3,7	4,5	6,5	13,9
Manische Störungen[3)]	0,0	1,0	0,0	0,1
Gemischte affektive Zustandsbilder[4)]	0,4	0,5	0,9	0,8
Angststörungen und Phobien (F40.0–F41.10, F93.0, F93.20, F60.60)	5,6	9,5	7,2	5,7
Angst und Depression gemischt (F41.20, F43.22)	1,0	0,5	0,5	0,0
Zwangsstörungen (F42.0–F42.20, F60.50)	1,1	1,2	0,9	0,7
Dissoziative Störungen (F44.0–F44.88, F60.40)	1,1	2,0	1,0	0,1
Somatoforme Störungen (F45.0–F45.80)	1,7	1,2	0,6	1,2
Anorektische und bulimische Störungen (F50.0–F50.30)	4,7	4,6	1,4	1,6
Schlafstörungen (F51.0–F51.50)	0,5	0,2	0,2	1,1
Andere Persönlichkeitsstörungen (F60.3, F60.7–F61.1)	1,1	0,5	1,1	0,3
Störungen der Geschlechtsidentität, der Sexualpräferenz und der Sexualentwicklung (F64–F66)	0,1	0,5	0,2	0,2
Tiefgreifende Entwicklungsstörungen (F84)	1,0	2,0	2,8	1,1
Hyperkinetische Störung der Aktivität und Aufmerksamkeit (F90.0)	8,0	7,6	3,8	3,6
Hyperkinetische Störung des Sozialverhaltens (F90.1)	9,1	5,4	3,9	2,9
Störung des Sozialverhaltens (F91.0–F91.30, F60.20)	15,9	14,9	8,0	12,4
Störung des Sozialverhaltens und der Emotionen (F92.0, F92.80, F43.25)	6,1	5,6	11,7	6,4
Sonstige emotionale Störungen im Kindesalter (F93.30–F93.80, F94.0–F94.80)	5,5	9,5	23,6	11,1
Ticstörungen (F95.0–F95.20)	2,0	0,7	0,7	0,6
Sauberkeitsstörungen (F98.0, F98.10)	4,6	5,9	2,7	4,6
Eßstörungen im Kindesalter (F98.20, F98.30)	0,7	0,5	0,3	0,5
Sprechstörungen (F98.50, F98.60)	0,3	0,6	0,0	1,3
Andere Störungen	3,2	2,2	1,1	4,7

Die Diagnosegruppierung erfolgte nach phänomenologischen Gesichtspunkten.
1) schizophrenieforme Störungen aus F06 und F10; F20–F24
2) depressive Störungen aus F06 und F10; F31.30 -F31.50, F32, F33, F34.10, F38.10, F43.20, F43.21
3) manische Störungen aus F06 und F10; F30.10, F30.20, F31.0–F31.2
4) gemischte affektive Zustandsbilder aus F06 und F10;F 25.20, F31.60–F31.80, F34.0, F34.80, F38.0

Die bei Behandlungsende für den gesamten Behandlungszeitraum gestellten Diagnosen nach ICD-10 wurden zu Diagnosegruppen zusammengefaßt. Tabelle 3 gibt die Verteilung der Diagnosegruppen auf der ersten Achse des multiaxialen Klassifikationsschemas wieder. Zwischen 17,6 % und 25,0 % der vorgestellten Kinder und Jugendlichen werden auf der ersten Achse als unauffällig eingeschätzt, wobei bei einem erheblichen Anteil dieser Kinder und Jugendlichen Intelligenzminderungen oder Entwicklungsstörungen vorliegen. Insgesamt zeigt sich die in kinderpsychiatrischen Inanspruchnahmepopulationen typische Häufung externaler Verhaltensstörungen (hyperkinetischer Störungen und Störungen des Sozialverhaltens), deren Anteil in den einzelnen Zentren (inklusive der kombinierten Störungen des Sozialverhaltens und der Emotionen) zwischen 25,3 % (in Zürich) und 39,1 % (in Köln) liegt. Zwischen den Kliniken in Köln und Frankfurt kann für die meisten Diagnosegruppen eine relativ gute Übereinstimmung festgestellt werden, während in Berlin vor allem ein gegenüber den anderen Kliniken deutlich höherer Anteil von sonstigen emotionalen Störungen im Kindesalter und von kombinierten Störungen des Sozialverhaltens und der Emotionen auffällt. In Zürich ist ein gegenüber den anderen Kliniken erhöhter Anteil von Depressionen zu beobachten, der hauptsächlich auf einen höheren Anteil an depressiven Anpassungsstörungen (F43.2) zurückzuführen ist.

5.2 Häufigkeitsverteilung der Merkmalsausprägungen

Tabelle 4 zeigt die Häufigkeit, mit der in der Köln-Studie 2 mindestens ein Merkmal des Merkmalsbereiches zumindest als auffällig beurteilt wurde. *In anderen Kontexten* treten am häufigsten Störungen von Antrieb, Aufmerksamkeit und Impulskontrolle auf, gefolgt von Störungen des Sozialverhaltens und der Interaktion in der Familie, der Schule oder gegenüber Gleichaltrigen. Wie aufgrund der Zusammensetzung der Stichprobe zu erwarten ist, treten Merkmale aus dem Bereich der formalen und inhaltlichen Denkstörungen sowie der Halluzinationen sehr selten auf. In der aktuellen Untersuchungssituation werden am häufigsten Störungen der Interaktion mit dem Untersucher benannt.

Tabelle 4:
Häufigkeit, mit der mindestens ein Merkmal des Merkmalsbereiches zumindest als auffällig beurteilt wurde (Köln-Studie 2, Döpfner et al., 1993)

Merkmalsbereiche	Anzahl der Merkmale während/außerhalb der Untersuchung	Auffällige (%) während der Untersuchung	Auffällige (%) außerhalb der Untersuchung
1 Störungen der Interaktion (bei Untersucher)	10/0	36,5	
1 Störungen der Interaktion (bei Bezugsperson)	9/9	20,4	40,2
2 Störungen des Sozialverhaltens	4/7	13,6	45,9
3 Störungen von Antrieb, Aufmerksamkeit, Impulskontrolle	4/4	24,5	47,4
4 Störungen der Psychomotorik	5/5	3,5	5,5
5 Störungen des Sprechens/der Sprache	7/7	13,4	14,9
6 Angststörungen	7/7	7,9	17,4
7 Störungen von Stimmung und Affekt	13/13	24,0	31,8
8 Zwangsstörungen	3/3	0,3	1,2
9 Eßstörungen	0/8	–	9,5
10 Funktionelle und somatoforme Störungen	5/8	1,2	26,6
11 Merkfähigkeits-, Orientierungs-, Bewußtseinsstörungen	4/4	2,2	3,0
12 Formale Denkstörungen	12/12	6,4	7,5
13 Inhaltliche Denkstörungen	8/8	0,7	1,0
14 Ich-Störungen	6/6	0,8	1,2
15 Sinnestäuschungen	5/5	0,2	0,7
16 Andere Störungen	6/6	1.3	8,0
Gesamt	113	61,0	91,5

Generell liegen die Häufigkeiten der von Bezugspersonen und Patienten berichteten Störungen *in anderen Kontexten* über denen, die *während der Exploration* unmittelbar beobachtet werden können. Das überrascht nicht und spricht für die getrennte Erfassung der in der Untersuchungssituation beobachteten und explorierten Symptome einerseits und der *in anderen Kontexten* auftretenden Auffälligkeiten und Problemen andererseits. Insgesamt werden *während der Exploration* 61 % aller Patienten und *in anderen Kontexten* 91,5 % aller Patienten auf mindestens einem Merkmal als auffällig beurteilt.

Die Ergebnisse der multizentrischen Studie zur Häufigkeitsverteilung der Merkmalsausprägungen sind in Abbildung 3 dargestellt. Sie zeigt die in den vier beteiligten Zentren *während der Exploration* am häufigsten aufgetretenen Einzelsymptome, geordnet nach der Auftretenshäufigkeit in der Kölner Klinik. In der Kölner Klinik wurde das Symptom scheu/unsicher am häufigsten entweder als deutlich ausgeprägt oder als stark ausgeprägt beurteilt, insgesamt in 16,2 % der Fälle. Auch in Frankfurt wurde dieses Symptom am häufigsten als auffällig beurteilt. In Berlin wurden die Symptome Insuffizienzgefühle und depressiv/traurig häufiger als auffällig eingeschätzt. In Zürich war dies für das Symptom Insuffizienzgefühle ebenso der Fall. In den drei Kliniken in Frankfurt, Berlin und Zürich gehörten Insuffizienzgefühle und depressiv/traurig zu den drei *während der Exploration* am häufigsten als auffällig beurteilten Symptomen. Lediglich in Köln wurden diese beiden Symptome etwas seltener als auffällig eingeschätzt. In dieser Klinik wurden häufiger externale Symptome (motorische Unruhe, Impulsivität und unkooperatives Verhalten) in

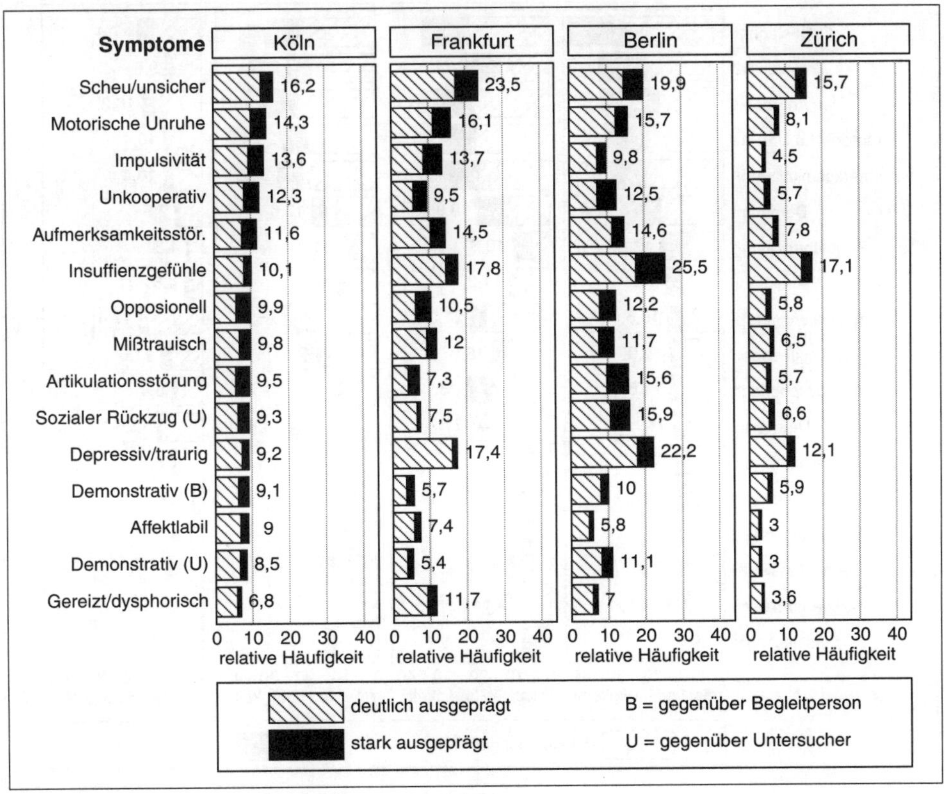

Abbildung 3:
Während der Exploration in den einzelnen Kliniken am häufigsten aufgetretene Symptome (nach Döpfner et al., 1997 b)

der Untersuchungssituation beobachtet. Die Häufigkeitsraten dieser Symptome liegen in den drei Einrichtungen in Köln, Frankfurt und Berlin relativ eng beieinander. Lediglich in Zürich sind geringere Auffälligkeitsraten zu beobachten. Dies gilt jedoch für nahezu jedes der untersuchten Merkmale, wie Abbildung 3 zeigt. Zwischen den drei Kliniken in Köln, Frankfurt und Berlin sind, abgesehen von den beschriebenen Ausnahmen, insgesamt vergleichsweise geringfügige Unterschiede zu beobachten.

Abbildung 4 vergleicht die Beurteilungen der häufigsten Symptome in bezug auf *andere Kontexte*. In allen vier Einrichtungen werden oppositionelle Verhaltensauffälligkeiten *in anderen Kontexten* am häufigsten als deutlich oder stark ausgeprägt beurteilt. Allerdings liegen die Häufigkeitsraten mit 43 % in Köln mehr als doppelt so hoch wie in Zürich mit 17,4 %. Insgesamt liegen die Häufigkeitsraten auch für die *in anderen Kontexten* auftretenden Auffälligkeiten in Zürich deutlich unter den entsprechenden Kennwerten in den anderen Kliniken. In Köln, Frankfurt und Berlin werden übereinstimmend die externalen Verhaltensauffälligkeiten *oppositionell, Impulsivität, aggressiv, motorische Unruhe* und *Aufmerksamkeitsstörungen* in mindestens 21 % der Fälle als auffällig beurteilt.

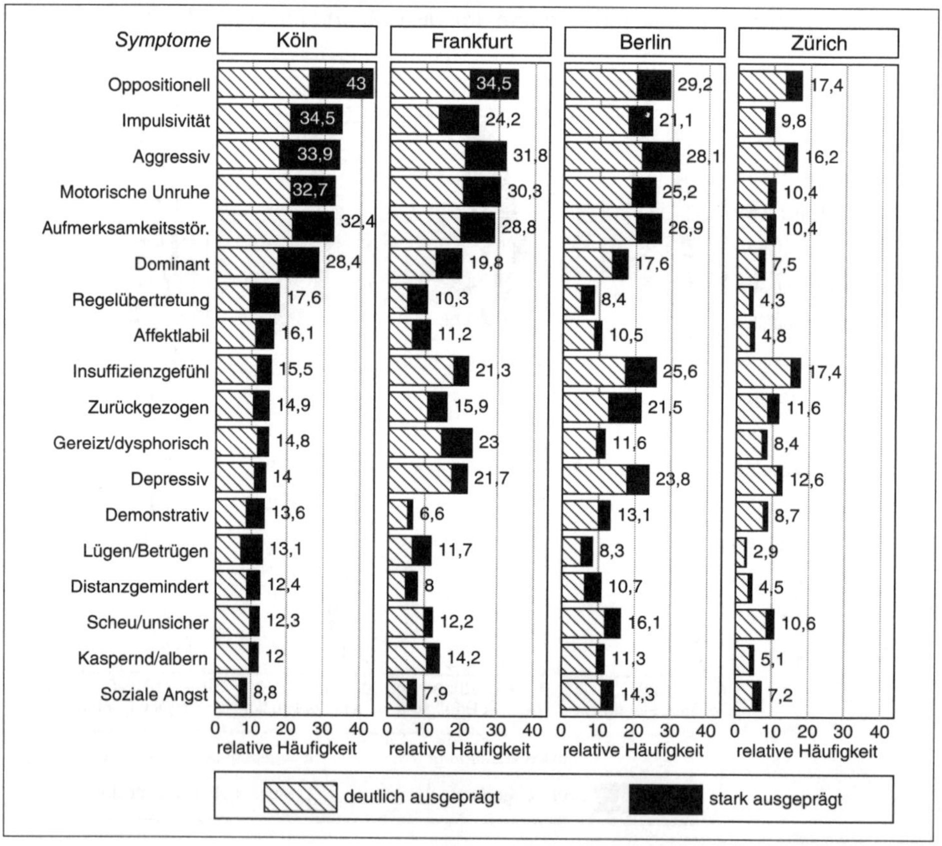

Abbildung 4:
In anderen Kontexten in den einzelnen Kliniken am häufigsten aufgetretene Symptome (nach Döpfner et al., 1997 b)

Einzelne Merkmale wurden auf der Basis von Faktoren- und Reliabilitätsanalysen zu Skalen zusammengefaßt, die geringfügig von der in der Köln-Studie 2 vorgenommenen Skalenbildung (siehe 5.4) abweicht. Durch einfaktorielle Varianzanalysen wurden Unterschiede in den Skalenmittelwerten zwischen den einzelnen Zentren geprüft. Diese Analysen weisen insgesamt auf einige signifikante Unterschiede zwischen den Zentren hin, die Effekte sind jedoch nach den Kriterien von Cohen (1988) überwiegend schwach ausgeprägt. Der größte Unterschied ist mit einer Effektstärke von ES = 0,6 zwischen den Kliniken in Köln und Zürich bei der Skala *Hyperkinetische Symptome*, beurteilt für die Ausprägungen *in anderen Kontexten*, festzustellen, was nach Cohen als mittlerer Effekt einzuschätzen ist.

5.3 Faktorielle Validität

In der Köln-Studie 1 wurden die Beurteilungen der Merkmale innerhalb und außerhalb der Untersuchungssituation getrennt faktorenanalysiert. Dabei wurden nur jene Merkmale in die Faktorenanalyse aufgenommen, die zumindest in 5 % der Fälle als auffällig (mindestens leicht auffällig) beurteilt wurden. Vor allem Merkmale aus dem psychotischen Formenkreis mußten daher eliminiert werden, aber auch Zwangsstörungen. In der dreifaktoriellen Lösung für die Merkmale *während der Exploration* betrug die Varianzaufklärung knapp 30 %. Der erste Faktor beschreibt hauptsächlich aggressive Störungen, der zweite Faktor umfaßt Angst- und Depression und auf dem dritten Faktor laden hyperkinetische Störungen in Verbindung mit Sprachstörungen. Die Faktorenstruktur ist sehr klar, nur wenige Merkmale weisen Doppelladungen auf. Eine vergleichbare Faktorenstruktur konnte auch für Merkmalsbeurteilungen *in anderen Kontexten* gefunden werden.

In der Köln-Studie 2 wurden für die während der Untersuchungssituation und die außerhalb der Untersuchungssituation beurteilten Merkmale jeweils Hauptachsenanalysen (mit iterativer Schätzung der Kommunalitäten) und anschließender orthogonaler Faktorenrotation nach dem Varimax-Kriterium und variierender Faktorenzahl durchgeführt. Von den Analysen wurden extrem schief verteilte Merkmale ausgeschlossen, d. h. Merkmale, die in der Stichprobe in weniger als 5 % der Fälle als auffällig (Ausprägungen 2 oder 3) beurteilt wurden, da sie aus methodischen Gründen nicht geeignet sind. Dadurch reduzierte sich die Zahl der analysierten Merkmale von 117 auf 36 (für die Faktorenanalysen der Merkmalsbeurteilungen *während der Exploration*) bzw. von 113 auf 41 (für die Faktorenanalysen der Merkmalsbeurteilungen *in anderen Kontexten*). Vor allem Merkmale, die Zwangsstörungen, Eßstörungen, funktionelle und somatoforme Störungen, Merkfähigkeits- Orientierungs- und Bewußtseinsstörungen, formale Denkstörungen, inhaltliche Denkstörungen, Ich-Störungen und Sinnestäuschungen erfassen, mußten weitgehend aus den Analysen ausgeschlossen werden.

In der Faktorenanalyse der Merkmalsbeurteilungen *in anderen Kontexten* wurde die vierfaktorielle Lösung ausgewählt, die insgesamt 27,7 % der Gesamtvarianz aufklärt. Tabelle 5 zeigt die Ladungen der einzelnen Merkmale auf den vier Faktoren sowie die Kommunalitäten. Auf dem ersten Faktor laden Merkmale, die oppositionelles und aggressives Verhalten in der Familie, der Schule oder gegenüber Gleichaltrigen beschreiben sowie dissoziale Verhaltensweisen. Einige dieser Merkmale laden auch schwach auf dem

Tabelle 5:
Faktorenanalyse der Merkmalsbeurteilungen *in anderen Kontexten* (Gesamtstichprobe N = 597). Vierfaktorielle Lösung, Ladungen ≥ .20 (Köln-Studie 2: Döpfner et al., 1994 b)

		Faktoren-Ladungen				
	Merkmale	**F1**	**F2**	**F3**	**F4**	**h^2**
I	**Aggressiv-dissoziales Verhalten**					
2.4	Lügen	.73				.55
2.3	Aggressiv	.70	.28			.57
2.7	Andere Regelübertretungen	.69		.24		.55
2.2	Oppositionell/verweigernd	.68	.32			.57
2.6	Weglaufen/Schuleschwänzen	.60				.37
2.1	Dominant	.56	.34			.42
2.5	Stehlen	.53				.33
1.7	Demonstrativ	.30	.21			.14
II	**Hyperkinese/Sprachstörung**					
3.2	Motorische Unruhe/Antriebssteigerung		.77			.66
3.3	Impulsivität	.29	.74			.65
3.4	Aufmerksamkeitsstörung		.69			.49
1.8	Distanzgemindert	.26	.46			.28
1.4	Kaspernd/albern		.28			.10
7.8	Inadäquat (Affekt)		.33	.24		.18
5.1	Artikulationsstörung		.32	.21	.22	.20
5.2	Expressive Sprachstörung		.27	.23		.16
III	**Depressive Symptome**					
7.3	Depressiv/traurig verstimmt			.70		.51
7.4	Insuffizienzgefühle			.82		.40
7.2	Gereizt/dysphorisch	.33	.25	.53		.45
7.7	Affektlabil	.31	.31	.48		.43
16.2	Suizidalität			.41		.22
7.5	Schuldgefühle/Selbstvorwürfe			.37		.15
1.6	Mißtrauisch			.33	.29	.30
7.9	Innere Unruhe		.31	.32		.25
16.1	Selbstschädigung	.24		.27		.15
IV	**Angstsymptome**					
6.1	Soziale Angst			.25	.64	.48
1.5	Sozial zurückgezogen			.25	.62	.46
1.3	Scheu/unsicher				.58	.38
6.3	Leistungsangst				.45	.24
6.2	Trennungsangst				.43	.19
3.1	Verlangsamt/Antriebsarmut				.27	.10
1.9	Empathiestörung		.23		.25	.12
1.2	Überangepaßt				.24	.06
10.3	Schlafstörungen				.22	.07
6.5	Spezifische Phobien				.21	.05
Keine substantiellen Ladungen						
7.6	Affektarm					.05
9.2	Erhöhte Nahrungsaufnahme					.03
9.3	Mangelnde Nahrungszufuhr					.04
10.1	Einnässen					.03
10.2	Einkoten					.02
10.6	Schmerzzustände					.01

zweiten Faktor, der durch hohe Ladungen der Merkmale von Hyperaktivitäts- und Aufmerksamkeitsstörungen gekennzeichnet ist. Begleitsymptome der hyperkinetischen Störung – distanzgemindertes und kasperndes Verhalten, sowie inadäquater Affekt – laden deutlich schwächer als die Kernsymptome auf dem zweiten Faktor. Artikulationsstörungen und expressive Sprachstörungen laden ebenfalls auf diesem Faktor, weisen allerdings fast gleichhohe Ladungen auf dem dritten Faktor auf. Dies entspricht dem empirisch gesicherten Befund, daß Sprachentwicklungsstörungen gehäuft bei hyperkinetischen Störungen auftreten.

Auf dem dritten Faktor laden jene Merkmale am höchsten, die mit depressiven Störungen assoziiert sind. Gereizt-dysphorischer Affekt, Affektlabilität, Mißtrauen, innere Unruhe und Selbstschädigung sind weniger spezifische Merkmale depressiver Störungen. Diese Merkmale haben auf dem dritten Faktor zwar die höchste Ladung, sie weisen aber auch auf mindestens einem weiteren Faktor eine geringe Ladung auf.

Der vierte Faktor ist durch verschiedene Angstsymtome gekennzeichnet. Lediglich das Merkmal *Empathiestörungen*, das eine fast gleichhohe Ladung auf dem zweiten Faktor aufweist, beschreibt Symptome, die mit Angststörungen weniger assoziiert sind. Die Merkmale *Soziale Angst* und *Sozialer Rückzug* weisen außerdem geringe Ladungen auf dem dritten Faktor auf.

Keine substantiellen Ladungen lassen sich bezeichnenderweise bei jenen Merkmalen feststellen, die eng umgrenzte Symptome beschreiben und von denen i. A. keine spezifische Kovariation mit anderen Merkmalen angenommen wird. Insgesamt ist eine klare Faktorenstruktur erkennbar, bei der nur wenige Merkmale Doppelladungen aufweisen. In der vierfaktoriellen Lösung bilden sich Faktoren heraus, die vier Hauptsymptomgruppen markieren – aggressiv-dissoziale, hyperkinetische, depressive und Angst-Symptome.

Tabelle 6 zeigt die Ergebnisse der vierfaktoriellen Lösung der Faktorenanalyse der Merkmale *während der Exploration*, die insgesamt 35,1 % der Gesamtvarianz aufklärt. Wie bei der Analyse der Merkmalsbeurteilungen *in anderen Kontexten* laden auf dem ersten Faktor jene Merkmale, die oppositionelles und aggressives Verhalten beschreiben. Außerdem laden auf diesem Faktor Merkmale, die Interaktionsstörungen *während der Exploration* erfassen (Mißtrauen und demonstratives Verhalten gegenüber Untersucher und Bezugsperson). Dissoziale Verhaltensauffälligkeiten, deren Auftreten während der Untersuchungssituation nicht beurteilt wird, gehen deshalb nicht in die Faktorenanalyse ein. Analog zur Analyse der Merkmalsbeurteilungen *in anderen Kontexten* laden mehrere Merkmale auch auf dem zweiten Faktor, der hyperkinetische Symptome und Sprachentwicklungsstörungen beschreibt. Der dritte Faktor wird, wie der vierte Faktor bei der Analyse der Merkmale außerhalb der Untersuchungssituation, durch Angstsymptome gekennzeichnet. Auf dem vierten Faktor laden lediglich zwei Merkmale am höchsten, die depressive Störungen kennzeichnen (depressiv, Schuldgefühle), wobei die Ladungen niedrig sind. Alle anderen Merkmale, die bei der Faktorenanalyse der Merkmalsbeurteilungen *in anderen Kontexten* hohe Ladungen auf dem Depressionsfaktor aufweisen (siehe Tab. 5), laden bei der Analyse der Merkmalsbeurteilungen *während der Exploration* auf anderen Faktoren stärker, haben aber auf dem Depressionsfaktor meist auch eine Ladung von $a \geq .20$ (z. B. Insuffizenzgefühle, gereizt-dysphorisch, affektlabil) oder sie konnten aufgrund des Selektionskriteriums nicht in die Faktorenanalyse aufgenommen werden (zwei Merkmale: Suizidalität und Selbstschädigung). Jedes der in die Faktorenanalyse aufgenommenen Merkmale weist auf mindestens einem Faktor eine Ladung von a ≥ .20 auf.

Tabelle 6:
Faktorenanalyse der Merkmalsbeurteilungen *während der Exploration* (Gesamtstichprobe N = 597). Vierfaktorielle Lösung, Ladungen ≥ .20 (Köln-Studie 2: Döpfner et al., 1994 b)

		Faktoren-Ladungen				
	Merkmale	**F1**	**F2**	**F3**	**F4**	**h^2**
I	**Aggressives Verhalten**					
1.1	Unkooperativ	.71				.55
2.2	Oppositionell/verweigernd	.71	.18			.55
7.2	Gereizt/dysphorisch	.67			.35	.59
2.1	Dominant	.64	.28			.51
2.3	Aggressiv	.64	.24			.48
1.6	Mißtrauen (gegenüber Untersucher)	.52		.37		.43
1.7	Demonstrativ (gegenüber Untersucher)	.56	.28			.50
1.8	Distanzgemindert (gegenüb. Bezugspers.)	.52	.49			.56
7.7	Affektlabil	.52	.21		.23	.37
1.7	Demonstrativ (gegenüber Bezugsperson)	.49	.22			.39
7.9	Innere Unruhe	.45	.32			.33
1.6	Mißtrauen (gegenüber Bezugsperson)	.37		.33		.28
II	**Hyperkinese/Sprachstörung**					
3.2	Motorische Unruhe/Antriebssteigerung	.20	.72			.59
3.4	Aufmerksamkeitsstörung		.70		.21	.57
3.3	Impulsivität	.35	.66			.60
1.8	Distanzlos (gegenüber Untersucher)	.32	.63			.55
1.4	Kaspernd/albern (gegenüb. Untersucher)	.31	.44			.41
5.1	Artikulationsstörung		.43			.21
5.2	Expressive Sprachstörung		.38			.17
1.4	Kaspernd/albern (gegenüb. Bezugspers.)	.32	.36			.34
7.8	Inadäquat (Affekt)	.21	.31			.17
III	**Angstsymptome**					
1.3	Scheu/unsicher (gegenüb. Untersucher)			.70		.50
1.5	Sozial zurückgezogen (gegenüb. Unters.)		.25	.60		.40
6.1	Soziale Angst			.59		.36
1.3	Scheu/unsicher (gegenüb. Bezugsperson)			.45		.24
1.2	Überangepaßt (gegenüb. Untersucher)			.42		.19
1.5	Zurückgezogen (gegenüb. Bezugsperson)			.42		.21
1.2	Überangepaßt (gegenüb. Bezugsperson)			.30		.13
6.3	Leistungsangst			.40		.16
7.4	Insuffizienzgefühle/Mangendes Selbstvertrauen	.24		.39	.37	.35
3.1	Verlangsamt/Antriebsarmut			.38	.24	.21
12.1	Gehemmt/verlangsamt (Denken)			.34	.22	.20
6.2	Trennungsangst			.27		.09
7.6	Affektarm			.22		.10
IV	**Depressive Symptome**					
7.3	Depressiv/traurig verstimmt			.27	.38	.27
7.5	Schuldgefühle				.25	.10

Die dargestellten Analysen wurden an der Gesamtstichprobe durchgeführt. Da in den einzelnen Altersstufen die Merkmale unterschiedlich miteinander kovariieren können, besteht die Möglichkeit, daß für einzelne Altersgruppen verschiedene Faktorenstrukturen aufzufinden sind. Um die Stabilität der gefunden Faktorenstrukturen in den Altersgruppen zu prüfen, wurden für Jugendliche (Alter ≥ 13 Jahre) separate Faktorenanalysen gerechnet. Abweichungen in der Faktorenstruktur sind für diese Altersgruppe am wahrscheinlichsten, da sich im Jugendalter psychische Störungen deutlicher ausdifferenzieren und psychopathologische Merkmale auftreten, die im Kindesalter kaum beobachtet werden können. Zudem ist in der Untersuchungsstichprobe die Altersverteilung zum Kindesalter hin verschoben, so daß die Merkmalsausprägungen bei den Jugendlichen die Faktorenstruktur in der Gesamtstichprobe nicht so stark beeinflussen wie die der Kinder. Durch die getrennte Analyse der Jugendlichen (N = 172) konnten zudem Merkmale in die Analyse aufgenommen werden, die in der Gesamtstichprobe das Aufnahmekriterium (Auffälligkeit in mindestens 5 % der Stichprobe) nicht erreichen. Dadurch erhöhte sich die Zahl der analysierten Merkmale auf 47 (für die Faktorenanalysen der Merkmalsbeurteilungen *während der Exploration*) bzw. auf 57 (für die Faktorenanalysen der Merkmalsbeurteilungen *in anderen Kontexten*). Vor allem Merkmale aus der Merkmalsgruppe der formalen Denkstörungen (z. B. Perseverieren, Vorbeireden, Denkhemmung, eingeengtes Denken) aber auch Depersonalisation und verschiedene Eßstörungen konnten dadurch zusätzlich in die Analysen aufgenommen werden.

In der Faktorenanalyse der Merkmale *in anderen Kontexten* in der Teilstichprobe der Jugendlichen klärt die vierfaktorielle Lösung insgesamt 27,4 % der Gesamtvarianz auf (siehe Tab. 7).

Der erste Faktor wird, wie in der Gesamtstichprobe, durch Merkmale definiert, die aggressives und dissoziales Verhalten beschreiben. Allerdings sind Anzahl und die Ladungen der dissozialen Merkmale gegenüber der Gesamtstichprobe erhöht. Einzelne affektive Auffälligkeiten (Gereizt/dysphorisch, Affektlabilität) und autoaggressive Verhaltensweisen (Selbstschädigung, Suizidalität), die als Anzeichen von Impulskontrollstörungen interpretiert werden können, zeigen Mehrfachladungen, wie in der Analyse der Gesamtstichprobe.

Tabelle 7:

Faktorenanalyse der Merkmalsbeurteilungen *in anderen Kontexten* (Jugendliche; Alter ≥ 13 Jahre; N = 172). Vierfaktorielle Lösung, Einschlußkriterium: Auffälligkeit in mind. 5 % der Stichprobe, Ladungen ≥ .20 und Kommunalitäten (h^2)

		Faktoren-Ladungen				
	Merkmale	**F1**	**F2**	**F3**	**F4**	h^2
I	**Aggressiv-dissoziales Verhalten**					
2.7	Andere Regelübertretungen	.80				.66
2.4	Lügen	.69				.53
2.3	Aggressiv	.67	.28			.56
2.2	Oppositionell/verweigernd	.62	.30			.48
2.6	Weglaufen/Schuleschwänzen	.59				.36
2.5	Stehlen	.58				.38
7.7	Affektlabil	.53	.23	.26		.41
2.1	Dominant	.50	.23			.33
7.2	Gereizt/dysphorisch	.44	.28	.27		.36
16.4	Sexuelle Auffälligkeiten	.39				.16
7.10	Gesteigertes Selbstwertgefühl	.36				.13
7.9	Innere Unruhe	.35	.34			.31
16.1	Selbstschädigung	.34		.28		.21
16.2	Suizidalität	.34		.33	.29	.33
16.3	Alkoholismus/Drogenkonsum	.34				.12
1.6	Mißtrauisch	.32			.24	.19
1.7	Demonstrativ	.22				.10

Tabelle 7: Fortsetzung

	Merkmale	F1	F2	F3	F4	h^2
			Faktoren-Ladungen			
II	**Hyperkinese/Denkstörung/Sprachstörung**					
3.2	Motorische Unruhe/Antriebssteigerung		.65			.44
1.8	Distanzgemindert	.31	.59			.45
5.1	Artikulationsstörung		.56			.33
7.8	Inadäquat (Affekt)		.56			.31
11.1	Merkfähigkeitsstörung		.53			.29
3.4	Aufmerksamkeitsstörung		.52			.28
4.4	Maniriert/bizarr		.49			.26
5.2	Expressive Sprachstörung		.49			.25
3.3	Impulsivität	.41	.47			.44
12.4	Perseverieren		.47			.25
1.9	Empathiestörung		.42			.19
7.6	Affektarm		.36			.16
1.4	Kaspernd/albern		.26			.07
12.2	Umständliches Denken		.25		.22	.13
10.3	Schlafstörung		.23			.10
III	**Eßstörung/Depressive Symptome**					
9.6	Körperschemastörung			.72		.62
9.4	Erbrechen			.68		.57
9.2	Heißhunger/Eßattacken			.58		.39
7.3	Depressiv/traurig verstimmt			.46	.26	.29
12.3	Eingeengtes Denken			.43		.22
7.4	Insuffizienzgefühle/mangelndes Selbstvertrauen	.21		.40	.28	.29
7.5	Schuldgefühle			.40		.19
9.3	Verminderte Nahrungsaufnahme			.39		.24
7.1	Klagsam			.38		.17
12.5	Grübeln			.38	.32	.25
IV	**Angstsymptome**					
6.1	Soziale Angst			.24	.66	.52
1.5	Sozial zurückgezogen		.24		.65	.55
1.3	Scheu/unsicher				.61	.40
6.3	Leistungsangst			.31	.52	.38
3.1	Verlangsamt/Antriebsarmut				.37	.17
6.2	Trennungsangst				.36	.16
12.1	Gehemmt/verlangsamt (Denken)				.36	.17
6.4	Agoraphobie				.33	.12
6.5	Spezifische Phobie				.31	.11
14.1	Depersonalisation		.20		.29	.14
Keine substantiellen Ladungen						
1.2	Überangepaßt					.02
9.2	Erhöhte Nahrungsaufnahme					.02
10.4	Dissoziative Störungen					.02
10.5	Autonome Funktionsstörungen					.03
10.6	Schmerzzustände					.05

Der zweite Faktor wird, wie in der Gesamtstichprobe, durch hohe Ladungen von hyperkinetischen Symptomen sowie von Merkmalen einer Sprachretardierung gekennzeichnet. Zusätzlich haben einige der in dieser Analyse neu aufgenommen kognitiven Störungen (Merkfähigkeitsstörung, Perseverieren, umständliches Denken) auf diesem Faktor die höchsten Ladungen. Außerdem laden Affektstörungen auf diesem Faktor deutlich stärker als in der Gesamtstichprobe. Aus einem in der Analyse der Gesamtstichprobe ausschließlich Hyperaktivitäts-, Aufmerksamkeits- und Sprachentwicklungsstörungen beschreibenden Faktor wurde ein Faktor, der in stärkerem Maße kognitive Beeinträchtigungen und affektive Störungen beinhaltet.

In die Analyse neu aufgenommene Merkmale, die Eßstörungen beschreiben, bilden zusammen mit Depressionsmerkmalen den dritten Faktor, der in der Analyse an der Gesamtstichprobe überwiegend von Depressionsmerkmalen gebildet wurde. Der vierte Faktor wird, wie in der Gesamtstichprobe, durch verschiedene Angstsymptome gekennzeichnet. Von den in die Analyse zusätzlich aufgenommenen Merkmalen laden *Denkhemmung* und *Depersonalisation* auf diesem Faktor am höchsten, wenngleich die Ladungshöhe vergleichsweise gering ist.

Die vierfaktorielle Lösung bei den Jugendlichen für die Merkmalsausprägungen *während der Exploration* erklärt 35,7 % der Gesamtvarianz. Im wesentlichen wird sowohl die Analyse der Merkmalsbeurteilungen *in anderen Kontexten* bei den Jugendlichen als auch die Analyse der Merkmale *während der Exploration* in der Gesamtstichprobe repliziert, wobei der vierte Faktor eindeutiger als in der Gesamtstichprobe durch depressive Merkmale gekennzeichnet ist. Merkmale, die Eßstörungen erfassen und bei der Analyse der Merkmalsausprägungen *in anderen Kontexten* gemeinsam mit den Depressionsmerkmalen eine Faktor bildeten, gehen nicht in die Analyse ein, da sie für die Untersuchungssituation nicht erhoben werden.

Zusammenfassung

Insgesamt lassen sich anhand der in der Gesamtstichprobe durchgeführten Faktorenanalysen sowohl hinsichtlich der Merkmalsausprägungen *während der Exploration* als auch der Ausprägungen *in anderen Kontexten* vierfaktorielle Lösungen extrahieren, die wesentliche Störungsdimensionen (aggressiv-dissoziales Verhalten, hyperkinetische Auffälligkeiten, depressive Symptome und Angstsymptome) abbilden. Bei der Analyse der Merkmalsausprägungen *während der Exploration* erscheint allerdings eine dreifaktorielle Lösung insofern angemessener, da lediglich zwei Merkmale die höchste Ladung auf dem vierten Faktor aufweisen und die Ladungen vergleichsweise niedrig sind. Die Faktoren 3 und 4 der vierfaktoriellen Lösung bilden in der dreifaktoriellen Lösung einen gemeinsamen Faktor, der Angstsymptome und depressive Symptome umfaßt. Die übliche Grobdifferenzierung in externale und internale Störungen, die in Faktorenanalysen von Eltern- und Lehrerfragebögen nachgewiesen wurde, läßt sich in den zweifaktoriellen Lösungen bei den Analysen der Merkmale *in anderen Kontexten* und *während der Exploration* wiederfinden.

Die Faktorenanalysen in der Teilstichprobe der Jugendlichen replizieren die Faktorenstruktur der Gesamtstichprobe weitgehend. Durch die zusätzlich in die Analyse aufgenommenen Merkmale tauchen bei den einzelnen Faktoren neue Aspekte auf, am stärksten beim Depressionsfaktor, der bei den Jugendlichen Eßstörungen und Depression beinhaltet. Auf den ersten beiden Faktoren sind mit den aggressiven/dissozialen bzw. hyperkinetischen Merkmalen in stärkerem Maße als in der Gesamtstichprobe affektive und kognitive Störungen assoziiert.

Analog zu dem Vorgehen in der Köln-Studie 2 wurden in der multizentrischen Studie zur Überprüfung der dimensionalen Struktur ebenfalls Faktorenanalysen in der multizentrischen Gesamtstichprobe und in den Stichproben der einzelnen Zentren durchgeführt. Die

Analysen wurden für die *in der Explorationssituation* und die für *andere Kontexte* beurteilten Merkmalsausprägungen getrennt berechnet. Die vierfaktoriellen Lösungen erbrachten in den einzelnen Zentren ähnliche Faktorenstrukturen, die mit den in der Köln-Studie 2 extrahierten Faktoren weitgehend übereinstimmen (vgl. Wolff Metternich, 1995).

5.4 Skalenzuordnung und Reliabilität

Durch eine Zusammenfassung von Einzelmerkmalen zu Symptomskalen soll eine Beschreibung der Störungen eines einzelnen Patienten oder von Patientengruppen mit einer überschaubaren Anzahl von Dimensionen ermöglicht werden. Dabei wurden neben den dargestellten Faktorenanalysen auch klassifikatorische und theoretische Gesichtspunkte berücksichtigt. Diese Gruppierungen wurden durch Konsistenz- und Trennschärfeanalysen überprüft. Ziel der Konsistenz- und Trennschärfeanalysen war es, Symptomskalen zu entwickeln, die erstens hinreichend homogen sind, um eine Zusammenfassung der Einzelmerkmale zu einem Symptom-Wert rechtfertigen zu können. Zweitens sollten die Symptomskalen allenfalls auf mittlerem Niveau untereinander korrelieren, um eine Differenzierung in verschiedene Symptomscores begründen zu können. Dieses Kriterium war vor allem bei jenen Skalen von Bedeutung, deren Merkmale einem gemeinsamen Faktor zugeordnet waren (z. B. bei den Skalen *Aggressive Symptome* und *Dissoziale Symptome*). Im folgenden werden die Ergebnisse aus der Köln-Studie 2 ausführlich dargestellt. Die Ergebnisse der multizentrischen Studie weichen nur relativ geringfügig davon ab.

An dem Datensatz der Köln-Studie 2 konnte eine empirische Prüfung der Symptomskalenbildung für jene Merkmale vorgenommen werden, deren Werte nicht extrem schief verteilt sind (Auffälligkeit in mehr als 5 % der Fälle), damit die Konsistenzen und Korrelationen nicht von sehr wenigen Patienten determiniert werden. Tabelle 8 zeigt die empirisch begründeten Symptomskalen. Für die Merkmalsbeurteilungen *während der Exploration* und hinsichtlich *anderer Kontexte* wurde jeweils getrennt eine hierarchische Symptomskalenbildung durchgeführt. Auf der ersten Ebene werden die Symptome zu acht Symptomskalen zusammengefaßt. Sechs der acht Symptomskalen 1. Ordnung werden zu zwei übergeordneten Symptomskalen (zweiter Ordnung) komprimiert – den Skalen *Externale Symptomatik* und *Internale Symptomatik.*

Die erste Symptomskala beschreibt *Aggressive Symptome* während bzw. außerhalb der Untersuchungssituation und setzt sich aus jenen Merkmalen zusammen, die in den Faktorenanalysen auf dem ersten Faktor am höchsten laden. Die Skala *Dissoziale Symptome* wird nur für die Merkmalsbeurteilungen *in anderen Kontexten* gebildet. Die Symptomskala *Hyperkinetische Symptome* enthält jene Merkmale während bzw. außerhalb der Untersuchungssituation, die auf dem zweiten Faktor in den Faktorenanalysen am höchsten laden. Die Skala *Sozial-emotionale Impulsivität* setzt sich aus Merkmalen zusammen, die in den Faktorenanalysen auf mehreren Faktoren hohe Ladungen aufweisen, und beschreibt inhaltlich distanzgemindertes, demonstratives Verhalten mit inadäquatem, gereizt/dysphorischem, labilem Affekt. Diese vier Skalen bilden die Symptomskala 2. Ordnung *Externale Symptomatik.*

Die Symptomskala *Sozial- und Leistungsangst* umfaßt jene Merkmale, die bei den Faktorenanalysen den Angstfaktor definierten. Eine alle Angstmerkmale umfassende Skala konnte wegen mangelnder interner Konsistenz nicht gebildet werden. Die Skala

Depressive Symptome umfaßt lediglich depressive Kernsymptome. Diese beiden Skalen werden zur Symptomskala zweiter Ordnung *Internale Symptomatik* zusammengefaßt.

Tabelle 8:
Empirisch begründete Symptomskalen (Köln-Studie 2, Döpfner et al., 1994 b)

Symptomskala 2. Ordnung	Symptomskala 1. Ordnung	Merkmale
Externale Symptomatik (α_i = .90) (α_a = .84)	**Aggressive Symptomatik** (α_i = .85)[a] (α_a = .85)[b]	Unkooperativ gegenüber Untersucher[1)] Dominant Oppositionell/verweigernd Aggressiv
	Dissoziale Symptome[2)] (α_a = .75)	Lügen[2)] Stehlen[2)] Weglaufen/Schuleschwänzen[2)] Andere Regelübertretungen[2)] Alkoholabusus/Drogenmißbrauch
	Hyperkinetische Symptome (α_i = .81) (α_a = .79)	Kaspernd gegenüber Untersucher[1)] Kaspernd gegenüber Bezugsperson Motorische Unruhe/Antriebsteigerung Impulsiv Aufmerksamkeitsstörungen
	Sozial-emotionale Impulsivität (α_i = .80) (α_a = .66)	Distanzgemindert gegenüber Untersucher[1)] Distanzgemindert gegenüber Bezugsperson Demonstrativ gegenüber Untersucher[1)] Demonstrativ gegenüber Bezugsperson Inadäquat im Affekt Innere Unruhe Gereizt/dysphorisch Affektlabil
Internale Symptomatik (α_i = .74) (α_a = .73)	**Sozial- und Leistungsangst** (α_i = .73) (α_a = .70)	Soziale Angst Trennungsangst Leistungsangst Angepaßt gegenüber Untersucher[1)] Angepaßt gegenüber Bezugsperson Scheu/unsicher gegenüber Untersucher[1)] Scheu/unsicher gegenüber Bezugsperson Sozial zurückgezogen gegenüber Untersucher[1)] Sozial zurückgezogen gegenüber Bezugsperson
	Depressive Symptome (α_i = .63) (α_a = .65)	Deprimiert/traurig Insuffizienzgefühle Schuldgefühle
	Sprachauffälligkeiten (α_i = .68) (α_a = .70)	Artikulationsstörung Expressive Sprachstörung Rezeptive Sprachstörung
	Eßstörungen[2)] (α_a = .80)	Heißhunger-/Eßattacken[2)] Mangelnde Nahrungszufuhr[2)] Erbrechen[2)] Inadäquate Maßnahmen zur Gewichtsreduktion[2)] Körperschemastörungen[2)]

1) Merkmal/Symptomskala wird nur für die Beurteilungen während der Exploration beurteilt.
2) Merkmal/Symptomskala wird nur für die Beurteilungen in anderen Kontexten beurteilt.
a) α_i = Interne Konssitenz der Skala für die Beurteilungen während der Exploration.
b) α_a = Interne Konssitenz der Skala für die Beurteilungen in anderen Kontexten.

Die Symptomskalen *Sprachauffälligkeiten* und *Eßstörungen* werden keiner Symptomskala zweiter Ordnung zugeordnet. Die Skala *Eßstörungen* konnte aufgrund der Verteilungsvoraussetzungen nur für Jugendliche empirisch analysiert werden. Erhöhte Nahrungszufuhr und Eßstörungen des Kleinkindalters (Pica und Rumination) sind ausgeschlossen.

Für die Skalenbildung wurden die Items der Faktoren, die aggressiv-dissoziales Verhalten beschreiben, in die Symptomskalen *Aggressive Symptome* und *Dissoziale Symptome* aufgespalten, um zwischen beiden Formen der Störungen des Sozialverhaltens besser differenzieren zu können. Die Items der Faktoren Hyperkinese/Sprachstörung wurden in zwei Symptomskalen aufgeteilt, welche die hyperkinetischen Symptome bzw. die Sprachauffälligkeiten umfassen. Items, die in den Faktorenanalysen in der Gesamtstichprobe auf mindestens zwei der ersten drei Faktoren annähernd gleichhohe Ladungen aufwiesen, wurden zunächst zu einer Skala zusammengefaßt, die *sozial-emotionale Impulsivität* beschreibt. Items des Faktors Angstsymptome wurden zu einer gleichnamigen Skala zusammengefaßt, ebenso die Items des Faktors *Depressive Symptome*. Merkmale, die Eßstörungen beschreiben und in der Faktorenanalyse bei den Jugendlichen gemeinsam mit den Depressionsmerkmalen einen Faktor bildeten, wurden in einer Skala *Eßstörungen* zusammengefaßt. Diese vorläufige Symptomskalenbildung wurde anschließend aufgrund von Konsistenz- und Korrelationsanalysen überprüft und revidiert. Merkmale, deren Ausschluß aus der Skala eine bedeutsame Steigerung der internen Konsistenz bewirkte, wurden herausgenommen. So mußte z. B. das Merkmal Spezifische Phobien aus der Skala *Angstsymptome* und das Merkmal Suizidalität aus der Skala *Depressive Symptome* herausgenommen werden.

Tabelle 8 zeigt die Ergebnisse der Konsistenzanalysen der Symptomskalen erster und zweiter Ordnung. Da die Symptomskalen erster Ordnung überwiegend aus wenigen Merkmalen bestehen, die zudem ein recht großes Spektrum psychischer Auffälligkeiten abdecken, weisen die Skalen zwangsläufig eine gewisse Heterogenität auf. Daher sind hohe Konsistenzen auch nicht zu erwarten. Dennoch sollten die internen Konsistenzen einen Wert von $r_{tt} = .70$ nicht unterschreiten, um eine Interpretation der Skalenwerte im Rahmen der Individualdiagnostik vornehmen zu können (vgl. Lienert, 1969). Für eine Datenaggregation im Rahmen von Gruppenstudien können etwas niedrigere Koeffizienten noch hingenommen werden. Die internen Konsistenzen (Cronbachs Alpha) der Symptomskalen erster Ordnung liegen in der Gesamtstichprobe überwiegend zwischen $r_{tt} = .70$ und $r_{tt} = .85$ und sind damit als noch zufriedenstellend bis gut zu bezeichnen. Für die Individualdiagnostik nicht hinreichende Konsistenzen sind hauptsächlich bei den kleinsten Skalen (Depressive Symptome, Sprachauffälligkeiten) festzustellen. Die für Jugendliche getrennt berechneten Reliabilitätskennwerte zeigen, daß die Mehrzahl der Skalen auch für diese Altersgruppe hinreichend konsistent sind. Bei dieser Skalenzusammensetzung konnte auf keiner Skala durch Ausschluß eines Merkmals eine bedeutsame Erhöhung der internen Konsistenz (Alpha if item deleted) erzielt werden.

Die internen Konsistenzen der Symptomskalen zweiter Ordnung, die internale Symptomatik erfassen, liegen knapp unter $r_{tt} = .70$ und sind damit als zufriedenstellend zu bewerten. Für die Anwendung bei aggregierten Daten im Rahmen von Gruppenstudien können die Koeffizienten als hinreichend bewertet werden.

In der multizentrischen Studie wurde auf der Basis von Faktorenanalysen die in der Köln-Studie 2 vorgenommene Skalenbildung einer relativ geringfügigen Revision unterzogen, wobei die Struktur der Skalenbildung erhalten blieb. Die internen Konsistenzen der Symptomskalen liegen in der multizentrischen Gesamtstichprobe für die Beurteilungen *während der Exploration* zwischen $\alpha = .72$ und $\alpha = .88$ und sind damit als zufriedenstellend bis gut zu bezeichnen. Für die Beurteilungen der Merkmalsausprägungen *in anderen Kontexten* wurden mit Ausnahme der Konsistenz für die Skala *Sozial-emotionale Impulsivität* ($\alpha = .64$) ebenfalls zufriedenstellende bis gute Werte ($.70 \leq \alpha \leq .85$) ermittelt.

5.5 Konvergente und diskriminante Validität

Tabelle 9 zeigt die in der Köln-Studie 2 errechneten Interkorrelationen der Symptomskalen erster Ordnung. Für die Beurteilungen der Merkmalsausprägungen *in anderen Kontexten* ergibt sich die höchste Korrelation zwischen den Skalen *Aggressive Symptome* und *Dissoziale Symptome* (r = .50); alle anderen Korrelationen sind deutlich niedriger. Die Symptomskalen können also als voneinander hinreichend unabhängig betrachtet werden, auch wenn bei der Interpretation der Korrelationen zu berücksichtigen ist, daß diese durch die teilweise nicht zufriedenstellenden internen Konsistenzen gemindert werden. Symptomskalen, die eine externale Symptomatik erfassen, korrelieren untereinander im unteren Bereich und – mit Ausnahme der Skala *Sozial-emotionale Impulsivität* – nicht bedeutsam mit den beiden Symptomskalen *Sozial- und Leistungsangst* und *Depressive Symptome*. Letztere korrelieren wiederum untereinander im unteren Bereich (r = .33). Mit den *Sprachauffälligkeiten* ergeben sich keine bedeutsamen Beziehungen. *Sozial-emotionale Impulsivität* korreliert etwa gleichhoch sowohl mit den anderen externalen Symptomskalen (*Hyperkinetische Symptome*, *Aggressive Symptome* und *Dissoziale Symptome*) als auch mit der Skala *Depressive Symptome*. Die Symptomskalen zweiter Ordnung (*Externale* und *Internale Symptomatik*) korrelieren nicht miteinander (r = –.05).

Tabelle 9:
Interkorrelationen der Symptomskalen in der Gesamtstichprobe (N = 597); statistisch signifikante Korrelationen ($p \leq .05$)

	Aggres.	**Dissoz.**	**Em.Imp.**	**Depres.**	**Angst**	**Sprachst.**
Beurteilungen in anderen Kontexten						
Hyperkinetische Symptome	.39	.18	.32	–.09	–.17	.15
Aggressive Symptome (Aggres.)		.50	.45		–.09	.11
Dissoziale Symptome (Dissoz.)			.33		–.12	
Sozial-emotionale Impulsivität (Em.Imp.)				.34	.10	.11
Depressive Symptome (Depres.)					.33	–.11
Sozial- und Leistungsangst (Angst)						
Beurteilungen während der Exploration						
Hyperkinetische Symptome	.42	1)	.61		–.10	.24
Aggressive Symptome (Aggres.)		1)	.65			.17
Sozial-emotionale Impulsivität (Em.Imp.)		1)			.15	.20
Depressive Symptome (Depres.)		1)			.32	–.13
Sozial- und Leistungsangst (Angst)		1)				

1) Symptomskala „Dissoziale Symptome" wird nicht für Beurteilungen während der Exploration gebildet.

Eine ähnliche Interkorrelationsstruktur ist bei den Beurteilungen der Merkmale *während der Exploration* zu finden. Hier liegen die Korrelationen zwischen der Skala *Sozial-emotionale Impulsivität* einerseits und den Skalen *Hyperkinetische Symptome* und *Aggressive Symptome* andererseits jeweils über r = .60; ansonsten liegen auch hier die Korrelationen deutlich unter r = .50. Die Symptomskalen zweiter Ordnung, externale und internale Symptomatik, korrelieren ebenfalls nicht miteinander (r = 0.03).

Für Jugendliche bildet sich eine ähnliche Interkorrelationsstruktur der Symptomskalen ab, wie eine getrennte Korrelationsanalyse für diese Altersgruppe zeigt. Die bislang nur für das Jugendalter ermittelte Symptomskala *Eßstörungen* (die nur für die Beurteilung *in anderen Kontexten* gebildet wird) korreliert lediglich schwach mit Depressivität (r = .24). Die Aufteilung des Faktors Eßstörung-Depressivität, der in der Faktorenanalyse der Beurteilungen der Jugendlichen gefunden wurde (siehe Tab. 6), läßt sich somit gut begründen.

Tabelle 10 zeigt Mittelwerte und Standardabweichungen der Symptomskalen-Werte erster und zweiter Ordnung für die Beurteilungen während und außerhalb der Untersuchungssituation. Der Symptomskalen-Wert einer Skala ist der Quotient aus dem Skalen-Rohwert (Summe der Merkmalsausprägungen) und der Anzahl der Merkmale der Skala. Die Symptomskalen-Werte sind damit unabhängig von der Anzahl der Merkmale einer Symptomskala und können zwischen 0 und 3 variieren. Wie aufgrund der Verteilungen der Einzelmerkmale zu erwarten war, lassen sich bei den Symptomskalen für die Beurteilungen *in anderen Kontexten* mit Ausnahme der Skala *Sprachauffälligkeiten* signifikant höhere Werte beobachten als bei den entsprechenden Symptomskalen für die Beurteilungen *während der Exploration*; am deutlichsten sind die Unterschiede bei den Symptomskalen *Aggressive Symptome* und *Hyperkinetische Symptome*. Die Differenzierung des Beurteilungskontextes (*während der Exploration* versus *in anderen Kontexten*) ist damit gut begründet.

Tabelle 10:
Mittelwerte, Standardabweichungen und Korrelationen der Symptomskalen für Beurteilungen *während der Exploration* und *in anderen Kontexten* (N = 597) (Köln-Studie 2: Döpfner et al., 1994 b)

	während der Exploration		**in anderen Kontexten**		
	MW	**SD**	**MW**	**SD**	**r**
Symptomskalen 1. Ordnung					
Aggressive Symptome	0.30[2)]	0.59	0.90	1.00	.54
Hyperkinetische Symptome	0.34[2)]	0.56	0.73	0.81	.70
Sozial-emotionale Impulsivität	0.20[2)]	0.39	0.28	0.44	.80
Dissoziale Symptome[1)]			0.28	0.53	
Sozial- und Leistungsangst	0.16[2)]	0.28	0.24	0.41	.71
Depressive Symptome	0.22[2)]	0.42	0.27	0.48	.75
Sprachauffälligkeiten	0.18	0.45	0.19	0.49	.96
Eßstörungen[1)]			0.07	0.29	
Symptomskalen 2. Ordnung					
Externale Symptomatik	0.26[2)]	0.46	0.46	0.45	.60
Internale Symptomatik	0.17[2)]	0.26	0.25	0.36	.75

1) Symptomskala wird nur für den Beurteilungsbereich in anderen Kontexten beurteilt.
2) Auf p < .001-Niveau signifikante Differenz der Skalenmittelwerte während der Exploration und in anderen Kontexten (zweiseitiger t-Test für abhängige Stichproben).

Der Tabelle 10 sind auch die Korrelationen zwischen den korrespondierenden Symptomskalen für die Beurteilungen während und außerhalb der Untersuchungssituation zu entnehmen. Trotz der deutlichen Mittelwertunterschiede liegen die Korrelationen der korrespondierenden Symptomskalen im oberen Bereich: *Während der Exploration* bildet sich die Symptomatik zwar deutlich schwächer ab als außerhalb der Untersuchungssituation, es zeigt sich jedoch eine gleichsinnige Variation.

Am höchsten korrelieren die Beurteilungen auf den beiden Symptomskalen *Sprachauffälligkeiten* mit r = .96. Es handelt sich hierbei um weitgehend situationsübergreifende Symptome: Ein Kind, das in der Untersuchungssituation durch eine artikulationsgestörte und dysgrammatische Spontansprache auffällt, zeigt diese Auffälligkeiten auch *in anderen Kontexten* außerhalb der Untersuchungssituation. Eine Differenzierung nach Beurteilungssituationen erscheint für diese Symptomgruppe also am wenigsten gerechtfertigt; sie wird aber dennoch beibehalten, da die Beurteilung der Sprache von Kindern, die in der Untersuchungssituation wenig sprechen, sich auf die Beschreibungen der Bezugsperson stützen muß und in diesem Fall nur dann dokumentiert werden kann, wenn eine entsprechende Kategorie zur Verfügung steht.

5.6 Zusammenfassung

Die vorliegenden Analysen belegen, daß sich das *Psychopathologische Befund-System* in der klinischen Routineanwendung gut einsetzen läßt und eine differenzierte psychopathologische Befunderhebung erleichtert. Die Merkmalsbeurteilungen lassen sich zu intern konsistenten Skalen aggregieren, deren konvergente und diskriminante Validität nachgewiesen werden konnten. Die Analysen wurden an Vorversionen des *Psychopathologischen Befund-Systems* vorgenommen. Studien mit der Endfassung sind in Vorbereitung.

6 Literatur

Arbeitsgemeinschaft für Methodik und Dokumentation in der Psychiatrie (1981). *Das AMDP-System: Manual zur Dokumentation psychiatrischer Befunde*, 4., korrigierte Auflage. Berlin: Springer.

Arbeitsgemeinschaft für Methodik und Dokumentation in der Psychiatrie (1995). *Das AMDP-System: Manual zur Dokumentation psychiatrischer Befunde*, 5., völlig neu überarbeitet Auflage. Göttingen: Hogrefe.

Arbeitsgruppe Deutsche Child Behavior Checklist (1993 a). *Elternfragebogen über das Verhalten von Kindern und Jugendlichen*; deutsche Bearbeitung der Child Behavior Checklist (CBCL/4–18). Einführung und Anleitung zur Handauswertung, bearbeitet von P. Melchers & M. Döpfner. Köln: Arbeitsgruppe Kinder-, Jugend- und Familiendiagnostik (KJFD).

Arbeitsgruppe Deutsche Child Behavior Checklist (1993 b). *Lehrerfragebogen über das Verhalten von Kindern und Jugendlichen*; deutsche Bearbeitung der Teacher's Report Form der Child Behavior Checklist (TRF). Einführung und Anleitung zur Handauswertung, bearbeitet von M. Döpfner & P. Melchers. Köln: Arbeitsgruppe Kinder-, Jugend- und Familiendiagnostik (KJFD).

Arbeitsgruppe Deutsche Child Behavior Checklist (1993 c). *Fragebogen für Jugendliche; deutsche Bearbeitung der Youth Self-Report Form der Child Behavior Checklist (YSR)*. Einführung und Anleitung zur Handauswertung, bearbeitet von M. Döpfner & P. Melchers. Köln: Arbeitsgruppe Kinder-, Jugend- und Familiendiagnostik (KJFD).

Arbeitsgruppe Deutsche Child Behavior Checklist (1993 d). *Elternfragebogen über das Verhalten von Kleinkindern (CBCL/2–3)*. Köln: Arbeitsgruppe Kinder-, Jugend- und Familiendiagnostik (KJFD).

Berger, M. (1985) Psychological assessment and testing. In M. Rutter & L. Hersov (Ed.), *Child and adolescent psychiatry*, 2nd edition, 280–303. Oxford: Blackwell.

Cohen, J. (1988). *Statistical power analysis for the behavioral sciences* (2nd. ed). New York: Academic Press.

Cox, A. & Rutter, M. (1985). Diagnostic appraisal and interviewing. In M. Rutter & L. Hersov (Ed.), *Child and adolescent psychiatry*, 2nd edition, 233–248. Oxford: Blackwell.

Döpfner, M. (1993). Zwangsstörungen. In H.-C. Steinhausen & M. von Aster (Hrsg.), *Handbuch Verhaltenstherapie und Verhaltensmedizin bei Kindern und Jugendlichen*, 267–318. Weinheim: Beltz, Psychologie-Verlags-Union.

Döpfner, M., Berner, W., Flechtner, H., Schwitzgebel, P. & Lehmkuhl, G. (1994 a). *Handbuch: Forschungsergebnisse zur Psychopathologischen Befund-Dokumentation für Kinder und Jugendliche (PB-KJ)*. Köln: Arbeitsgruppe Kinder-, Jugend- und Familiendiagnostik (KJFD).

Döpfner, M., Berner, W., Fleischmann, T. & Schmidt, M. H. (1993 b). *Verhaltensbeurteilungsbogen für Vorschulkinder (VBV)*. Weinheim: Beltz.

Döpfner, M., Berner, W., Schwitzgebel, P. & Lehmkuhl, G. (1994 b). Dimensionen psychischer Störungen bei Kindern und Jugendlichen auf der Basis klinischer Beurteilungen. *Zeitschrift für Kinder- und Jugendpsychiatrie, 22*, 299–317.

Döpfner, M., Goodyear, I. Lehmkuhl, G., Steinhausen, H.-C. & Verhulst, F. (1995 b). *The Clinical Assessment Scale for Child and Adolescent Psychopathology (CASCAP)*. Köln: Arbeitsgruppe Kinder-, Jugend- und Familiendiagnostik.

Döpfner, M. & Lehmkuhl, G. (1994). Entwicklung von diagnostischen Instrumenten für die Kinder- und Jugendpsychiatrie. In H. Dilling, E. Schulte-Markwort & H. J. Freyberger (Hrsg.), *Von der ICD-9 zur ICD-10: Neue Ansätze der Diagnostik psychischer Störungen in der Psychiatrie, Psychosomatik und Kinder- und Jugendpsychiatrie*, 251–260. Bern: Huber.

Döpfner, M. & Lehmkuhl, G. (1997). Von der kategorialen zur dimensionalen Diagnostik. *Praxis der Kinderpsychologie und Kinderpsychiatrie, 46*, 519–547.

Döpfner, M. & Lehmkuhl, G. (1998): *Diagnostik-System für Psychische Störungen im Kindes- und Jugendalter nach ICD-10 und DSM-IV (DISYPS-KJ).* Bern: Huber.

Döpfner, M., Lehmkuhl, G., Berner, W., Flechtner, H., Schwitzgebel, P., von Aster, M. & Steinhausen, H. C. (1993 a). Die Psychopathologische Befund-Dokumentation: Ein Verfahren zur Beurteilung psychischer Störungen bei Kindern und Jugendlichen. *Zeitschrift für Kinder- und Jugendpsychiatrie 21*, 90–100.

Döpfner, M., Lehmkuhl, G., Berner, W., Flechtner, H., Schwitzgebel, P., von Aster, M. & Steinhausen, H. C. (1995 a). Die Beurteilung psychischer Störungen von Kindern und Jugendlichen anhand der Psychopathologischen Befund-Dokumentation. *Kindheit und Entwicklung 4*, 51–60.

Döpfner, M., Lehmkuhl, G., Berner, W., Flechtner, H., Steinhausen, H. C. & von Aster, M. (1991). *Psychopathologische Befund-Dokumentation für Kinder und Jugendliche: Dokumentationsbogen, Glossar und Explorationsleitfaden.* Köln: Arbeitsgruppe Kinder-, Jugend- und Familiendiagnostik.

Döpfner, M., Lehmkuhl, G., Flechtner, H., Berner, W., von Aster, M. & Steinhausen, H. C. (1997 a). Das CASCAP-D in der Kinder- und Jugendpsychiatrie. In H.-J. Haug & R.-D. Stieglitz (Hrsg.), *Das AMDP-System in der klinischen Anwendung und Forschung*, 98–107. Göttingen: Hogrefe.

Döpfner, M. & Schnabel, M. (1998): *Das Angstinventar für Kinder und Jugendliche (FSSCR-D).* Universität zu Köln: Unpubliziertes Manuskript.

Döpfner, M., Schürmann, S. & Frölich, J. (1997 c). *Das Therapieprogramm für Kinder mit hyperkinetischem und oppositionellem Problemverhalten (THOP).* Weinheim: Psychologie Verlags Union.

Döpfner, M., Wolff Metternich, T., Berner, W., Englert, E., Lenz, K., Lehmkuhl, U., Lehmkuhl, G., Poustka, F. & Steinhausen, H. C. (1997 b). Die psychopathologische Beurteilung von Kindern und Jugendlichen in vier kinder- und jugendpsychiatrischen Inanspruchnahmestichproben – eine multizentrische Studie. *Praxis der Kinderpsychologie und Kinderpsychiatrie, 46*, 548–565.

Emminghaus, H. (1887). *Die psychischen Störungen des Kindesalters.* Tübingen: Laupp'sche Buchhandlung.

Esser, G., Blanz, B., Geisel, B. & Laucht, M. (1989). *Mannheimer Elterninterview (MEI).* Manual. Weinheim: Beltz Test GmbH.

Fähndrich, E. & Stieglitz, R. D. (1989). *Leitfaden zur Erfassung des psychopathologischen Befundes.* Berlin: Springer.

Haug, H.-J. & Stieglitz, R.-D. (Hrsg.). (1997). *Das AMDP-System in der klinischen Anwendung und Forschung.* Höttingen: Hogrefe.

Hautzinger, M., Bailer, M., Worall, H. & Keller, F. (1994). *Beck-Depressions-Inventar (BDI).* Bern: Huber

Hermann, O. (1909). *Grundlagen für das Verständnis krankhafter Seelenzustände beim Kinde.* Langensalza: Beyer & Söhm.

Homburger, A. (1926). *Vorlesungen über Psychopathologie des Kindesalters.* Berlin: Springer.

Lienert, G. (1969). *Testaufbau und Testanalyse* (3. Aufl.). Weinheim: Beltz.

Shaffer, D., Fisher, P., Piacentini, J., Schwab-Stone, M. & Wicks, J. (1989). *Diagnostic Interview Schedule for Children. Division of Child & Adolescent Psychiatry.* New York: New York State Psychiatric Institute.

Stiensmeier-Pelster, J., Schürmann, M. & Duda, K. (1989). *Depressionsinventar für Kinder und Jugendliche (DIKJ).* Göttingen: Hogrefe.

Unnewehr, S., Schneider, S. & Margraf, J. (Hrsg.). (1995). *Diagnostisches Interview bei psychischen Störungen im Kindes- und Jugendalter.* Berlin: Springer.

Wieczerkowski, W., Nickel, H., Janowski, A., Fittkau, B. & Rauer, W. (1974). *Angstfragebogen für Schüler (AFS).* Braunschweig: Westermann.

Wolff Metternich, T. (1995). *Zur Faktorenstruktur der Psychopathologischen Befund – Dokumentation für Kinder und Jugendliche – Analysen im multizentrischen Vergleich.* Diplomarbeit, Universität zu Köln.

Wolff Metternich, T., Döpfner, M., Englert, E., Lehmkuhl, U., Lehmkuhl, G., Poustka, F. & Steinhausen, H. Ch. (1998). Der Psychopathologische Aufnahmebefund in der Basisdokumentation Kinder- und Jugendpsychiatrie als Kurzfassung des Psychopathologischen Befundsystems – Ergebnisse aus einer multizentrischen Studie. *Praxis der Kinderpsychologie und Kinderpsychiatrie* (im Druck).

Ziehen, M. (1922). *Das Seelenleben der Jugendlichen.* Langensalza: Beyer & Söhm.

Anschriften der Verfasser

PD Dr. sc. hum. Manfred Döpfner, Dipl.-Psychologe
Klinik und Poliklinik für Psychiatrie und Psychotherapie
des Kindes- und Jugendalters der Universität zu Köln
Robert-Koch-Straße 10
D-50931 Köln

Walter Berner, Dipl.-Psychologe, Dipl.-Soziologe
Klinik und Poliklinik für Psychiatrie und Psychotherapie
des Kindes- und Jugendalters der Universität zu Köln
Robert-Koch-Straße 10
D-50931 Köln

Dr. med. Henning Flechtner
Klinik und Poliklinik für Psychiatrie und Psychotherapie
des Kindes- und Jugendalters der Universität zu Köln
Robert-Koch-Straße 10
D-50931 Köln

Prof. Dr. med Gerd Lehmkuhl, Dipl.-Psychologe
Klinik und Poliklinik für Psychiatrie und Psychotherapie
des Kindes- und Jugendalters der Universität zu Köln
Robert-Koch-Straße 10
D-50931 Köln

Prof. Dr. med. Dr. phil. Hans-Christoph Steinhausen, Dipl.-Psychologe
Zentrum für Kinder- und Jugendpsychiatrie der Universität Zürich
Neumünsterallee 9
CH-8032 Zürich

Klinische Diagnostik

Rolf-Dieter Stieglitz / Erdmann Fähndrich
Hans-Jürgen Möller (Hrsg.)

Syndromale Diagnostik psychischer Störungen

1998, X/265 Seiten, DM 59,– / sFr. 51,– / öS 431,–
ISBN 3-8017-1112-9

Der Stellenwert einer syndromalen Diagnostik in Forschung und Praxis ist bis zum heutigen Tag unbestritten. Ziel des Bandes ist es, dem Leser einen aktuellen Überblick über den Bereich der syndromalen Diagnostik und damit eine Hilfestellung bei der Bewertung und Auswahl von Verfahren zu geben. Der Band liefert eine Bestandsaufnahme klinischer Erhebungsinstrumente und erörtert diese im Hinblick auf ihre Anwendung bei dementiellen, schizophrenen und depressiven Störungen sowie Angststörungen.

Erdmann Fähndrich / Rolf-Dieter Stieglitz

Leitfaden zur Erfassung des psychopathologischen Befundes

Halbstrukturiertes Interview anhand des AMDP-Systems
2., überarb. Auflage 1998, XII/86 Seiten, DM 34,80
sFr. 31,30 / öS 254,– • ISBN 3-8017-1036-X

Die Erfassung des psychopathologischen Befundes ist eine wichtige Aufgabe bei der Diagnostik psychischer Störungen. Der vorliegende Interviewleitfaden ist für die Arbeit mit dem AMDP-System entwickelt worden. Psychiatern und klinischen Psychologen wird damit ein Hilfsmittel zur Verfügung gestellt, um mit entsprechenden Fragen zielgerichtet und dennoch einfühlsam ein weites Spektrum an psychopathologischen Symptomen zu erfassen.

Arbeitsgemeinschaft für Methodik und Dokumentation in der Psychiatrie (AMDP) (Hrsg.)

Das AMDP-System

Manual zur Dokumentation psychiatrischer Befunde
6. Auflage 1997, VIII/224 Seiten, DM 39,80
sFr. 35,90 / öS 291,– • ISBN 3-8017-1136-6

Beim AMDP-System handelt es sich um ein Verfahren zur Dokumentation psychiatrischer Befunde und anamnestischer Daten. Es besteht aus einem Manual und fünf Belegblättern. Bei der nun vorliegenden 6. Auflage handelt es sich um eine unveränderte Neuauflage der 5., neu überarbeiteten Version des Psychischen und Somatischen Befundes. Das Manual kann erfolgreich zur Aus- und Weiterbildung von Medizin- und Psychologiestudenten sowie in der Facharztweiterbildung eingesetzt werden und als Nachschlagewerk für in der Psychiatrie tätige Berufsgruppen dienen.

Hans Joachim Haug / Rolf-Dieter Stieglitz

Das AMDP-System in der klinischen Anwendung und Forschung

1997, XII/216 Seiten, DM 49,80 / sFr. 44,80
öS 364,– • ISBN 3-8017-0945-0

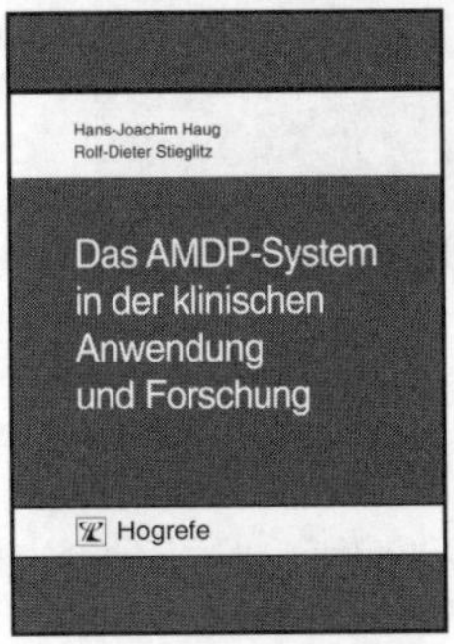

Das vorliegende Buch zur klinischen Anwendung des AMDP-Systems beinhaltet Anweisungen zum praktischen Ablauf von AMDP-Interviews und Trainingsseminaren. Weitere Kapitel befassen sich mit der Anwendung des AMDP-Systems im Krankenpflegeunterricht, bei der Ausbildung von Medizin- und Psychologiestudenten sowie in der klinisch-psychiatrischen Forschung. Der Leser kann sich hierdurch ein umfassendes Bild über die heutigen Anwendungsgebiete des AMDP-Systems verschaffen.

Hogrefe - Verlag für Psychologie
Rohnsweg 25, 37085 Göttingen • Tel. 0551/49609-0 • http://www.hogrefe.de